文化自信是一个国家、一个民族发展中更基本、更深沉、更持久的力量。

文化兴国运兴，文化强民族强。没有高度的文化自信，没有文化的繁荣兴盛，就没有中华民族伟大复兴。

——摘自党的十九大报告

作者简历

　　杨永发　　现为上海市社区文化服务中心副主任，长期从事上海市公共文化服务工作。上海市摄影家协会会员、上海市艺术摄影协会理事、人文摄影旅行家。

　　三十余年来，作者利用业余时间走遍大江南北，对凝聚着五千年中华文明灿烂成果的原生态人文和自然景观情有独钟，从中寻找一条传承有序的"精神脉络"，独具慧眼地发掘"中华民族的基因""民族文化血脉"和"中华民族的精神命脉"，并探索在新时代的大背景下，中华优秀传统文化对进一步增强民族自信心、民族自豪感和民族凝聚力，实现中华民族伟大复兴的当代价值及重要意义。曾出版的图文专著逾两百万字，有：《寻觅备选世遗佳境》（中英文对照）、《寻觅中国丹霞胜境》《寻觅江南秘境》等。其举办的系列个人摄影展和专题演讲有：《永不干涸的文明长河——中国最具人文精神和审美价值的 20 个景观》《乡愁——中国人的根与魂》《心藏的诗，典藏的画——西藏离我们很近》《江南秘境与人文精神》等。

杨永发 著

永不干涸的
大道清源

故中事国 从丝绸之路到"一带一路"

（第四辑）

上海交通大学出版社
SHANGHAI JIAO TONG UNIVERSITY PRESS

内容提要

中国是世界上少数几个历史文明长河从没有干涸的国家之一，而这些灿若星辰的文明记忆，就凝聚和沉淀在中国的人文和自然遗产之上。本书作者杨永发三十余年来，坚持寻访和研究遍及大江南北的中国原生态人文与自然遗产，以数千年前的"丝绸之路、海上丝绸之路和万里茶路"为主线，以沉淀和凝聚在这些历史文化遗产上最具中国元素的"文化符号"为焦点，以挖掘和提升中华民族的人文精神和博大胸怀为核心，从数千处最具中国人文精神和审美价值的人文和自然遗产中，精选出了一百多处编辑成书。本书为第四辑。

本书可作为旅游专业、学生参考读物，也可作为广大读者休闲、旅游读物。

图书在版编目（CIP）数据

永不干涸的大道清源：中国故事：从丝绸之路到"一带一路".第四辑 / 杨永发著. -- 上海：上海交通大学出版社，2025.1 -- ISBN 978-7-313-31661-5

Ⅰ.K878.04

中国版本图书馆CIP数据核字第2024AQ1612号

永不干涸的大道清源

——中国故事：从丝绸之路到"一带一路"（第四辑）

YONGBUGANHE DE DADAO QINGYUAN

—— ZHONGGUO GUSHI: CONG SICHOUZHILU DAO YIDAIYILU（DI-SI JI）

著　　者：杨永发

出版发行：上海交通大学出版社　　　　　地　　址：上海市番禺路951号

邮政编码：200030　　　　　　　　　　　电　　话：021-64071208

印　　制：上海锦佳印刷有限公司　　　　经　　销：全国新华书店

开　　本：787mm×1092 mm 1/16　　　印　　张：14

字　　数：255千字

版　　次：2025年1月第1版　　　　　　印　　次：2025年1月第1次印刷

书　　号：ISBN 978-7-313-31661-5

定　　价：98.00元

序

精耕"一带一路"，彰显人间正道

上海社会科学院世界中国学研究所
执行所长、博士　王海良

　　两千多年前的古丝绸之路，是一条横贯欧亚非大陆的商贸互惠之路，也是一条世界文明交融通汇之路。当今中国提出的"一带一路"伟大倡议，在继承和弘扬古丝路精神的基础上，上承历史，下启未来，承载和平与合作，以东方智慧为全球合作与发展探寻一条新的康庄大道。

　　从丝绸之路到"一带一路"，世界发生了沧桑巨变，但一个共同命题却不曾改变，那就是寻找一条各民族合作共赢之路。它们的外在形态是通道、路径和桥梁，但它们的内在实质是文化与文明的交流、互通和融合，是人与人的交流、沟通和理解。"一带一路"提出打造沿线各国"利益共同体"与"命运共同体"，无疑是对古代丝绸之路的一种超越，是百年未遇之大变局中的中国与世界之间深度互动的全新链接范式，是对全球化的创新、推动和发展，也是中国对人类文明发展的新贡献。

　　当今世界，冷战结束后欧亚大陆出现了很多复兴"丝绸之路"的建议和设想，但这些方案都有一定的排他性、矛盾性和不兼容性。这与中国构建"一带一路"新模式形成了很大反差，因为中国的"一带一路"宏大倡议独具兼容性和统一性，这是中国为世界提供的一个充满了东方智慧、致力于共同发展的上佳方案，是为构建人类命运共同体而进行的新探索和新实践。同时，它也是中国进一步改革开放、全面融入世界，实现中华民族伟大复兴中国梦的新篇章。

　　中国是世界上唯一的历史文明长河没有干涸的国家，古丝绸之路上灿若星辰的文明记忆，犹如大道清源，彰显人间正道，为当今时代国家与民族的发展与治理，提供了能够实现包容和可持续发展的新模式。展现在读者面前的这本书，正是一部通过文化之旅展示"一带一路"文化渊源的著作，也是一本图文并茂讲述丝绸之路上诸多精彩中国故事的好书。它的作者杨永发先生是一位人文摄影旅行家，长期奔波于中华大地，探寻各处胜境，并以独特的眼光撰写出版了《寻觅备选世遗佳境》《寻觅中国丹霞胜境》《寻觅江南秘境》等专著。三十余年来，他以超人的毅力，坚持在古丝绸之路沿途寻找闪烁着人性光芒的人文遗存，在从丝绸之路到"一带一路"两千多年的时间和空间跨度中，通过历史和现实两个不同维度，以中华文明发展为脉络，挖掘了发生和沉淀在古丝绸之路上，独具历史内涵、文化价值、东方智慧，以及强调包容互鉴、亲诚惠容和人文情怀的近百个"中国故事"。

　　玉门关的大漠孤烟、焉支山下的万国盛会、九日山的祈风石刻、麦积山的永恒微笑、庆元港的劈波弄海、仙鹤寺的博大胸怀、北庭故城的雄峙天山、怀圣寺光塔的千年航灯、函谷关的紫气东来、居延海的弱水流沙、独克宗的茶马互市、登州港的黄金水道、德令哈的丝路奇城……这些定格在古丝路之上，独具东方象征符号的"中国故事"，积淀和延续着历史，书写着中华民族和丝绸之路上各民族和平共处、互通共赢的理念和经历，展现着人类文明和谐共处的宝贵历史经验，昭示着不同文明之间友好交流的轨迹，揭示着国家兴衰与文明进程的发展规律。这正是当下全球化大潮中国际社会迫切需要借鉴的历史经验，也是古丝绸之路的当代意义和文化价值所在。

"一带一路"建设需要大力弘扬责任意识和担当精神。不论是张骞"凿空西域道"，打通洲际通道"最后一公里"，还是玄奘独自一人"西行五万里"求得真经，又或是郑和"云帆高张，昼夜星驰"，七下西洋维护"海道清宁，协和万邦"的国际海上贸易通道，他们都将社会发展利益置于自己的身家性命之上。这种敢于担当、不屈不挠的精神，正是我们在"一带一路"建设中最宝贵的精神财富。

"一带一路"建设也需要发挥中华优秀传统文化的引领作用。文化是"一带一路"的灵魂，包括儒家思想在内的中国优秀传统文化中，蕴藏着解决当代人类社会难题的重要启示。无论是古代丝绸之路经济带的闪光点，还是中华文明关于人类社会共同价值的思想经典，或是当代丝路经济带沿线各国友好往来的感人故事，都离不开秉持和发挥优秀传统文化的积极价值。实施"一带一路"伟大倡议，就要借助文化彰显、文化传承、文化修复等方式，保护好已有的丝路文化遗存，并通过大力创新，赋予古老的丝路文化地标以时代内涵，使之增添新的文化魅力。

"一带一路"建设还需要大力弘扬丝路精神。这就是习近平总书记概括的"和平合作、开放包容、互学互鉴、互利共赢"。古丝绸之路绵亘万里，延续千年，积淀的丝路精神是人类文明的宝贵遗产。和平合作，就是以驼队和善意代替战马和长矛，用宝船和友谊代替坚船和利炮，靠一代又一代"丝路人"架起延绵不绝的东西方合作的纽带、和平的桥梁；开放包容，就是不同文明、宗教、种族之间求同存异、开放包容，并肩书写相互尊重的壮丽诗篇，携手绘就共同发展的美好画卷；互学互鉴，就是展现交流的魅力、互鉴的成果；互利共赢，就是在"一带一路"大动脉上，让资金、技术、人员等生产要素自由流动，使商品、资源、成果等实现共享。

历史是最好的老师。丝路兴，则国家兴；丝路衰，则国家衰。衷心期待广大读者能从这本书中汲取古丝绸之路所承载的中华文明智慧和养分，增强中华民族的文化自信，并通过讲好丝绸之路"中国故事"，增进与"一带一路"沿线国家人民的相互理解和友谊，促进"一带一路"大合作，为中华民族伟大复兴，实现中国梦与亚欧命运共同体的美好未来尽一份力。

二〇一七年夏于上海

永不干涸的
大道清源
从丝绸之路到
「一带一路」
中国故事

目 录

青海·丝绸之路

天津·丝绸之路

河北·万里茶路

西藏·西南丝路

云南·西南丝路

山东·丝绸之路

宁夏·丝绸之路

陕西·丝绸之路

山西·丝绸之路

河南·丝绸之路

北京·丝绸之路

浙江·海上丝路

我们走和平发展道路

是对几千年来中华民族热爱和平的文化传统的继承和发扬

汉唐以来中国西部一条政治、文化、经济的通衢大道

001

白云之下的圣城

青海省玉树市·唐蕃古道

让心灵隐没在雪域宽阔的边缘

既然来了

就不要离去

因为你的魂魄

已经陷落

生与死的相遇

是生命中最沉甸的考量

因为你从地狱边缘走来

所以更加懂得天堂的滋味

喧嚣与宁静

人生一次再熟悉不过的邂逅

因为你习惯于在嘈杂中沉睡

不会在意这种安谧的珍贵

当被霓虹的闪烁迷离了心智

一旦走进这片童话般的世外桃源

震撼的岂止是山水的壮美

还有迷失在你心中许久的那一湾净土

近年来，北京考古研究院及科考队员在青海玉树嘎多乡、拉布乡、歇武镇、清水河镇陆续发现了新岩画群图案，这些图案把许多线路串联起来，确定了此地域是青藏高原南北向通道，及中国西南丝绸之路（唐蕃古道）大通道的事实。千年之前，玉树便是一条交通要道、文化传播之路上的明珠。

玉树，唐蕃古道青海段的重要节点

唐蕃古道，也叫馒头岭（古）驿道，是我国古代历史上一条非常著名的交通大道，也是唐代以来中原内地去往青海、西藏，以及尼泊尔、印度等国的必经之路。它起自陕西西安，途经甘肃、青海至西藏拉萨，全长3000多千米。整个古道横贯中国西部，跨越举世闻名的"世界屋脊"，联通我国西南的友好邻邦，故有"丝绸南路"之称。

这条通衢大道最早可追溯到汉朝时期，那时中原通往青海、西藏的大道已基本形成。到公元7世纪中期，吐蕃首领松赞干布十分敬慕唐王朝的强大兴盛和中原汉族的灿烂文化，于634年派使臣前往大唐国都长安，拜见大唐皇帝唐太宗李世民，请求加强来往并联姻和好。641年，唐太宗派专人护送文成公主远嫁吐蕃，从此揭开了汉藏友好历史上非常而又影响深远的第一页。此后，唐朝与吐蕃间使臣不断，贸易往来十分频繁，唐蕃古道迅速兴盛起来，很快成为一条站驿相连、使臣和商贾云集的交通大道。这为中华各民族的团结进步，为中国与古印度、尼泊尔等南亚国家的友好交往，作出了重大的贡献。

长达3000多千米的唐蕃古道蜿蜒崎岖，犹如一条天路一望无际，沿途可见西北高原独特的风光地貌，还有许多名川大河的发源地。绵延千年的历史风霜在这条古道上镌刻下了汉族、藏族、蒙古族等多民族融合

的宗教、习俗和文化印记。

　　一千余年前，唐文成公主远嫁吐蕃王松赞干布走过的那条大道，藏族人民称其为"迎佛路"。这条大道的起点是唐朝古都长安（今西安市），终点是吐蕃都城逻些（今拉萨市）。唐蕃古道在青海境内的西段，经鄯城（今西宁）、临蕃城（今湟中多巴）至绥戎城（今湟源县南），沿羌水（今湟水南源药水河）经石堡城（今湟源石城山）、赤岭（今日月山）、尉迟川（今倒淌河）至莫离驿（今共和东巴），经大非川（共和切吉草原）、那录驿（今兴海大河坝）、暖泉（温泉）、烈谟海（今喀拉海）、过海（今玛多黄河沿），越紫山（今巴颜喀拉山）、渡牦牛河（今通天河），经玉树地区、过当拉山（今唐古拉山查吾拉

上图　唐蕃古道，因延伸到印度与尼泊尔，被学者们认为是丝绸之路的组成部分，是一条不仅驰驿奔昭、和亲纳贡、贸易交流的官驿达道，更是一条承载汉藏交好、科技文化传播的"文化运河"。千百年间，在祖国版图完整、民族团结、国家统一和对外交往中，起到了举足轻重的作用。如今，唐蕃古道的文化价值、地理与景观价值、观光与经济价值，正日益显现，成为中华文明的重要组成部分。

山口）到藏北阁川驿（今那曲），沿青藏路经羊八井（农歌驿）到逻些（今拉萨）。

　　玉树是唐蕃古道上一所重要的城镇，文化遗存丰富多彩，其中较大规模的寺院有近三百座，保留完好的珍贵经卷种类繁多，不计其数。建于 17 世纪的拉加寺融合了汉藏

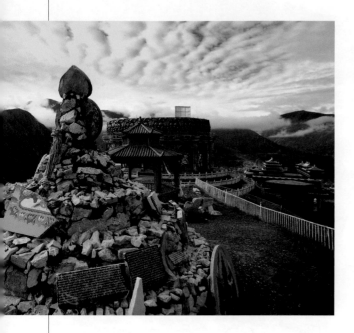

古义成洲"之意。因历史悠久，建筑宏伟，寺僧众多，文物丰富，高僧辈出，结古寺在青藏高原闻名遐迩。其源头可上溯到元末之前，近一千年的岁月沉淀，结古寺已成了当地藏族同胞最引以为傲的地标和精神图腾。

最初结古寺原是苯教寺院，后改宗噶举派。蒙元时期，忽必烈的国师八思巴途经结古地区，随后逐步将当地寺庙改宗。到了明代，结古寺终于变为萨迦派寺院。结古寺的外墙用红白蓝三色涂成彩条状，这三种颜色是藏传佛教萨迦派的标志，分别象征文殊、观音和金刚手菩萨。

结古寺主体建筑"桑珠嘉措"经堂系由萨迦寺大堪布巴德秋君和嘉那活佛第一世多项松却帕文设计，在德格佐钦寺支持下，扎武迈根活佛主持修建，可容纳千名僧侣诵经。

扎武颇章（又称扎武红宫）为扎武活佛的行宫，在桑珠嘉措经堂尚未修建以前，该殿既是活佛的行宫，同时又是经堂。殿外墙为红颜色，殿内主要供奉释迦牟尼、莲花生大师、宝帐怙主、四臂圣主、吉祥天母、金刚亥母、自现白度母和道果传承喇嘛等。珍藏有《甘珠尔》和《丹珠尔》等各种经典近万卷，另有八思巴所赠释迦牟尼唐卡、旃檀度母像及传为扎武百户祖传宝刀等许多珍贵文物。

嘉那颇章是结古寺历辈嘉那活佛的行宫，故有嘉那颇章之称。该殿修建于第五辈甲那活佛降巴仁青时期。此外，结古寺的讲

两族寺庙的建筑风格，造型精美，和谐古朴，寺中珍藏的木刻藏文版《甘珠尔》大藏经和历学典籍《历算概要》等珍贵经文和文献，是唐蕃古道文化的代表。玉树结古镇以南25千米处的大日如来佛堂，巧夺天工，镶嵌于悬崖绝壁之下，当地民众视之为"洞天福地"，朝拜者众多，每日香火不断。

结古寺，见证维护国家统一的风云岁月

清晨伫立于结古镇北木它梅玛山之巅，远方白云浮动，群山怀拥着整个玉树城区，成群的白鸽在萨迦派典型的红白蓝三色建筑层阁上欢快地飞翔，金色的殿堂与错落的经舍鳞次栉比，山巅的结古寺融入一片蓝天白云之中，恍若人间仙境。

结古寺，藏语称"结古顿珠楞"，即"结

经院、大昭殿、弥勒殿、嘉那活佛院和文保活佛院等都规模较大，且各具特色。

历史上结古寺出过许多高僧大德，最出名的要数一世嘉那活佛。这位活佛年轻时曾在印度、锡金，以及我国西藏、峨眉山、五台山、打箭炉等处游历修行，精通汉文等多种语言，并为新寨玛尼城成为"世间第一大玛尼堆"奠定了基础。嘉那多才多艺，创始了"多顶求卓"的100多种舞蹈，玉树地区成为著名的藏族歌舞之乡即源于此。

九世班禅大师却吉尼玛于1937年在返藏途中圆寂于嘉那颇章，更让结古寺声名声大噪。九世班禅的一生，可用"跌宕起伏"来形容。据已故藏学家牙含章的《班禅额尔德尼传》记载：九世班禅出生于清光绪年间，5岁时通过金瓶掣签被认定为转世灵童，后被迎请至历代班禅驻锡地——西藏日喀则地区扎什伦布寺，在驻藏大臣升泰的主持下

① ② 玉树藏族自治州府所在地结古镇，很早就是西宁、四川康定、西藏拉萨之间的重要贸易集散地之一。历史记载，明清时期，川西雅州每年要发9万驮茶叶到结古，然后由结古发往西藏拉萨、青海南部各蒙古、藏族聚居区销售。民国初年（1912），玉树商业最兴盛时，结古有商户200余家，有山西、陕西、甘肃、青海、四川等地的商人，也有西康地区的商人，如西康的霍巴商人，以及玉树本地的商人，经营的货物不下数百种，其中还有从印度经过拉萨进口的英、德、日、印的货物。图为玉树结古寺外景。

升登法座，继承法统，19 岁在拉萨大昭寺由十三世达赖喇嘛授予其比丘戒。

当时正值英帝国主义加紧侵略西藏，九世班禅两次率领日喀则地区僧俗参加抗英战争。在第二次抗英战争中，班禅大师被英国人胁迫至印度会见英国王储。在被要求对王储行跪拜礼时，班禅说："我只在我国大皇帝前跪拜，其余不行。"此次会面商谈，年轻的九世班禅采取迂回战术，无论英国人怎么威逼利诱，就是不与其谈实际问题。英国人虽然愤怒，但也无可奈何，最后只能将其送回扎什伦布寺。

在清末民初那段动荡的岁月中，十三世达赖喇嘛受英国三番五次挑拨，爱国立场左右摇摆。清廷两次废除达赖喇嘛的封号，请班禅额尔德尼"暂摄藏事"。虽然当时的班禅只有二十几岁，但政治上相当成熟。他从大局出发，并未接受取代达赖喇嘛的授命。

然而，由于当时局势混乱，复杂的历史现实因素交织在一起，1923 年 11 月 15 日，班禅率少数侍从连夜离开历世班禅驻锡的扎什伦布寺，日夜兼程，于 1924 年抵达兰州。从此，九世班禅开始了在内地的漂泊生涯。在内地弘法期间，正值国内军阀混战，他目睹百姓饱受战火煎熬，发电北洋军阀，字里行间透露着忧国忧民的深情和对祖国统一的渴望。

即使身处内地，九世班禅依旧关注西藏

时局。1931年，班禅在南京发表名为《西藏是中国领土》的演讲，立场鲜明地维护祖国统一。他还在南京、北京、沈阳等地建立办事处，密切了西藏与中央政府的关系。

抗日战争爆发后，九世班禅多次主持法会，为抗战募款，并抚慰战争中百姓的创伤。此外，由于当时日本策划分裂蒙古，为了调停当时蒙古贵族间矛盾，班禅不惜以身犯险，多次进入日本势力范围，不辞辛劳奔波于蒙古各地宣传抗日爱国精神。

班禅的爱国之心受到当时中央政府和各级地方政府的尊敬。他所到北京、上海、南京、杭州等地，当地政府高级官员和社会名流都争相迎接陪同。此外，班禅深厚的佛学造诣也深受广大信教群众的拥戴。班禅每到一地都会传授"长寿佛心咒""文殊菩萨心咒"等心法，这也促进了藏传佛教密宗在内地的发展。

1933年，十三世达赖喇嘛在拉萨罗布林卡突然圆寂，留下藏文遗嘱，请九世班禅大师返藏"维持政教"。班禅大师返藏之旅，不仅被视作宗教领袖身份的回归，同时还肩负着维护国家统一、民族团结的使命。所以，当时国民政府十分重视，不仅拨有专款经费，还派专使护送、配备卫队官兵，并对组织、路线、行程、接待礼仪都作了部署。

1937年8月，班禅离开玉树，前往青海与西藏交界的拉休寺，拟从此地返藏。由于返藏行程一直受西藏地方政府阻挠，双方进行了反复交涉、磋商，但未达成一致意见。

再加上国际时局复杂，国民政府在英方压力下，不得不让班禅"暂缓入藏"。此时，九世班禅再次以大局为念，表示"就本人意愿，归念甚切，但颇尊重中央意旨"。

九世班禅在1937年10月离开拉休寺回到玉树结古寺后，身体开始出现不适、进食困难等状况，再加上返藏之事受阻，悲愤交加，最终于1937年12月1日抱憾圆寂于结古寺甲拉颇章。回顾九世班禅一生，以他在1931年10月发表的一则《通电》中的一句话概括："临患不忘国，忠也。"九世班禅用尽其一生之力，传承了班禅世系维护祖国统一的爱国爱教传统，真正为宗教人士和信

① ① 唐蕃古道是我国著名的三大古道之一，有着"丝绸南路"之称。古道起自唐王朝国都长安（今陕西西安），终点为吐蕃都城逻些（今西藏拉萨），全长3000余公里，跨越陕西、甘肃、青海、四川、西藏五省（区），其中一半以上路线在青海境内，是唐代中原地区去往青海、西藏乃至尼泊尔、印度等国的重要通道。

② ② 跨越千年，如今的玉树，霓虹下的喧闹点亮着高原。在历史长河中，时间将多少古道淹没在黄沙尘土之下，这座古道重镇依然保持着繁华与喧嚣。

教群众做出了表率。

伴随着清晨的阵阵法号，身披红袈裟的僧人从各处僧房鱼贯而出，寺院的大小街巷顿时汇成一股股红色的河流。2010年4月14日，玉树发生7.1级的大地震，结古寺约有90%的经殿僧房遭到毁坏，在这种情况下结古寺依然派僧侣下山参与救援行动。目前的结古寺，震后重建光彩依旧。

阳光刺破厚厚的云层洒向大地，耀眼夺目的光束、千变万化的光影在玉树城区上方流动不息，竟使人产生一种超凡脱俗、不知天上人间的感觉。结古寺虽历经沧桑磨难，但它永远是人们心中的"圣城"。

石头垒积的信仰

缓慢的脚步，轻轻的呢喃，袅袅的喂桑，清香的酥油……藏族信众将一块块刻有"六字真言"和神像的嘛呢石，垒放在了青海玉树的新寨嘉纳玛尼石刻堆上，以额头亲吻叩拜，表达他们对未来美好生活的向往。

新寨玛尼城建于1715年，奠基人为第一世嘉纳纳宗求帕文，所以也被称为"嘉纳玛尼堆"。据史料记载，嘉纳活佛是康巴人，他曾在峨眉山和五台山修行，后周游并朝拜藏区各圣地。三百多年前，第一世嘉那活佛于此地捡到一块自然显现六字真经的玛尼石，这位圣者顿时洞悉了自己的使命。遂以此为缘住在该村，日复一日同僧俗群众一起刻凿玛尼石，平静地度过了一生。

自此，在结古镇边缘沉雄浑美的高山大坡之侧，凝结着第一世嘉那活佛和其后无数佛教信徒的心血结晶，由一块块镌刻着玛尼经文的石头垒起的"巨城"诞生，以后几乎

每一天都在一寸寸升高、一尺尺扩大。

　　玛尼堆藏语称"多崩"，意为"10万经石"。历经300多年的日积月累，如今嘉那玛尼城的玛尼石数量竟达30亿块之多。这些经石大小不一，形状各异，大的如桌面，小的仅如鸡蛋。上面均镌刻着佛像，最常见的是藏文六字箴言。新寨玛尼城占地有两个足球场那么大，南部是新寨寺，其他各个方向均用玛尼石做城墙，围墙高处挂有经幡，转城一圈有3000米之长。

　　藏族地区把经文或"唵玛尼叭咪吽"六字真言雕刻在石头上的这种独特的宗教文化艺术形式，早在松赞干布之前的时代就已出现。藏族同胞认为山是神的化身，有超人的威力，构成山的石头是神灵的一部分。在有神灵特性的石头上刻上经文或"六字箴言"，是一种神圣的事情。因此，藏地信众无

论贫富，都尽可能多地敬献经石，把它当作寻求佛祖保佑、追求精神敬仰和消灾灭疾的神圣功德之举，只要有可能，他们就终生孜孜不倦地在进行。而且没有任何人在石上刻字留名，这就是所谓的"佛知我知"。

　　藏族同胞坚信一切都有轮回因果，唯有石头永生不变。而"玛尼"在佛教中代表六

①　一千多年前，文成公主将纺织和刺绣技术、药材、工艺品、茶叶、谷物、生产工具、书籍通过唐蕃古道带到吐蕃，架起汉藏文化交流的桥梁。唐蕃古道青海段所经地区多民族聚居，先后有羌、戎、匈奴、鲜卑、吐蕃、蒙古等20多个民族繁衍生息，丰富多彩的民族文化共同托起了唐蕃古道青海段的重要历史文化地位。

②　图为玉树新寨玛尼城。唐蕃古道是唐王朝和吐蕃王朝之间政治、经济、文化交流的主要通道，也是我国一项重要的大型线性文化遗产。这条古道既是汉藏民族文化交融的桥梁和纽带，也拓展了中国与南亚国家和地区之间的民族文化交流，是一条独具特色的民族文化走廊。

字箴言，镌刻在石头上的经文能庇佑祈福者永生永世。几十亿块玛尼石堆积而成的嘉纳玛尼石经城，已载入吉尼斯世界纪录，成为世界上最大的玛尼堆。

佛教雕刻题材一般分为两类：一类为各种造像和塔，包括佛、菩萨、金刚、天王、度母、高僧、法王、供养人及各式佛塔；另一类为藏文或梵文六字箴言。其中尤为珍贵的是数万块刻有律法、历算、艺术论述和各种佛像的玛尼石精品。有的将整套的佛经完整地刻在很多块石头上，甚至包括封底、封面，组成一套套"经书"。据说嘉那玛尼石经城的玛尼石上刻有近 200 亿字，可以称得上是"世界第一石刻图书馆"。

沿着整齐的玛尼墙拐入经石城堡的内部，千姿百态、繁若星辰的经石一下映入眼帘，数十亿块或新近彩绘，或色彩剥落、经受了时光雕琢的经石，纵横有序地呈现在明朗的天空下。玛尼石墙的正中，镶嵌着六块藏文雕刻的佛教六字箴言，每块长宽大约都是两尺，色彩各不相同。石墙从四周曲折逶迤，沉稳地向石城中心延展。石墙和石墙之间，形成宽为两米的巷道。嘉那玛尼石刻数量之多、雕刻时间之长、规模之大，世所罕见。

玛尼石城周边还建有一座佛堂、一座大转经堂和十几座佛塔、十个大转经筒、300多个小转经筒，围绕这座石城转经的藏民从早上5点便开始络绎不绝。这些玛尼石上的文字，有的是线刻，有的是浮雕，有的染上了白、蓝、红、绿、紫、黑。据说每一种色彩都代表着特定的含义，每一块石头都是某种信念和渴望的宣示。

玛尼堆东侧有八座白塔和巨大的转经筒，另外一面几乎全是雕有佛像的玛尼石，雕刻工艺精湛，色彩搭配和谐。新寨生活着很多石刻艺人，他们在玛尼城脚下用祖传的手艺虔诚地雕刻，为自己累积善业，也为众生祈祷，刻石的叮当声和信众口中吟诵的六字箴言相伴。

在玉树人心中，玛尼石城是一片有神灵庇佑的吉祥之地。每年农历十二月十四日至十六日，来自西藏、四川、青海的藏族同胞就在玛尼堆旁相聚，或转玛尼堆，或送玛尼石，尔后围绕着玛尼堆跳舞。

2014年4月14日，玉树7.1级地震发生在早上7点多，不少虔诚藏民都有晨起转玛尼堆祈福的习惯，空旷如足球场的玛尼堆宛如天然避难所，许多人幸免于难。在地震过后三四天，就开始陆续有人来放上新石。这座载入吉尼斯世界纪录的世界最大玛尼堆，不断增长，寄托祈愿。

来到这里寻访的人，有时会请上几块玛尼石，许上心愿，然后放在玛尼墙上。这些许过愿的石头是有灵性的，不能随便拿走。每天都有很多手摇转经轮的藏民围着玛尼城转经，每转动一次经筒，就等于念了一次里面的经文，祈求佛佑。

再一次来到这里，我沿着玛尼城走了一圈，尽管没有这方面的信仰，但心情似乎也舒畅起来。此时的天空突然放晴，为这次行程增添一笔浓重的色彩。结古镇是玉树州的藏族自治州府所在地，藏语中"结古"原称为"结古多"，即"居住在山麓的众生"之意。如今，玉树大地上曾经的伤痕不断弥合，群山怀抱下的玉树众生呈现出勃勃生机。

① | ① 在历史长河中回望，伴随政治经济中心不断东移，唐蕃古道曾一度沉寂。随着我国"一带一路"进程的推进，从西部大开发到东西部协作，国家不断加大对西部地区的建设投入，唐蕃古道以全新形象焕发新生。
② | ② 唐蕃古道青海段承担着传播技术、文化、思想等功能，发挥各民族间交流思想、交接情感、交融血脉的特殊作用。

古丝绸之路青海道沿线的聚宝盆

002

天空之镜的黄金时代

青海省格尔木市·丝绸之路

青海自古便是汉、藏等各族文化交汇之处。从1世纪起始的1500多年里，"丝绸之路"历经沧桑，兴衰起伏，但一直是中西交通的孔道，为文化交流、经济繁荣和传播友谊作出了伟大的贡献。在描述丝绸之路陆路东段时，我们不能遗忘另一条并行于河西道的丝路南线 —— 青海道。它不是单一的线路，而是包括河湟古道、羌胡通道、羌中道、河南道等在内的很多条线路。

作为"西域之冲""海藏咽喉"，曾是丝绸之路的必经之地，青海道雄踞于世界屋脊的东北部，境内磅礴苍茫，群山耸立。它是三江源头，是中华水塔，上百个盐湖散落其间，上千个湖泊星罗棋布。

两千多年后，我们终于知道了"千湖之省"青海的湖不是海，只是闭塞湖，但这里所有的"海"中盛产的盐湖资源，其价值却与辽阔的大海相差无几，是中国不可或缺的天赐宝藏。

察尔汗盐湖：中国最大的盐湖

察尔汗盐湖被称为是中国最大的"天空之镜"，辽阔的湖面好像是一片刚刚耕耘过的沃土，形状像极了硕大的鱼鳞，一层又一层，一圈叠一圈。令人疑惑重重的是，这片晶莹如玉的土地上不见寸草绿色，湖水中不见游鱼，天空上也无飞鸟，一片寂静，万年孤独。

虽然一切绿色植物，乃至众多生命体都难以在湖中生长，但是这里却常年"生长"出一种特殊的花朵——盐花，其色如珍珠、珊瑚、玛瑙、翡翠，形若亭台楼阁、飞禽走兽，一丛丛、一片片、一簇簇，伫立于湖水之中，把湖面装扮得晶莹透亮，美若仙境。

本来完全可以靠颜值出名，但这个湖却偏偏以取之不尽的"聚宝盆"蜚声海内外。李时珍的《本草纲目》就有过察尔汗物产丰富的记载，当时所用"青盐"源自此地。湖中竟储藏着500亿吨的氯化钠，可供全世界60亿人口食用1000年。同时，伴生有氯化镁储量16.5亿吨，氯化锂储量824.6万吨，还有大量的硼、碘等多种矿产，资源丰富，举世罕见。

察尔汗湖是中国最大的盐湖，也是世界上第二大内陆盐湖。踞于巍巍昆仑山和祁连山之间的柴达木盆地腹地，盐湖海拔最低点为2200多米，平均海拔2670米，由达布逊、南霍布逊、北霍布逊、涩聂4个盐湖汇聚而成。东西长160多千米，南北宽20~40千米，盐层厚度约2~20米，面积达5800平方千米。

"察尔汗"，蒙古语意为"盐泽"。这里是柴达木盆地最低洼和最核心的地带。万亿年之前，柴达木曾是万顷汪洋大海，由于喜马拉雅造山运动及青藏高原隆起，导致海陆变迁，柴达木慢慢变成了盆地。整个柴达木有大大小小数百个湖泊，数察尔汗盐湖面积最大。

察尔汗盐湖地处戈壁瀚海，周围地势

平坦，气候炎热干燥，日照时间长，水分蒸发量远远大于降水量。由于成年累月风吹日晒，湖内形成了高浓度的卤水，逐渐结晶成为盐花，湖面板结成厚厚的盐盖，异常坚硬。

当车驶进一条笔直且一眼望不到边的公路之上时，当地向导小熊说："盐湖就在你的脚下"。只见公路两边被划成若干个硕大的盐池，水天一色，疑为天空之镜。这是青海盐湖集团的盐田，每个盐池约占地3平方千米，数十个盐池一路铺开，总面积达110平方千米。一艘艘采盐船在盐田里不分昼夜三班轮流作业。托熊向导在此工作的哥嫂的福，我们有幸被邀请上了采盐船，亲身体验采盐作业的全部流程，深度了解察尔汗盐湖的前世今生。

察尔汗盐湖资源的开发利用，始于20世纪50年代初。中华人民共和国成立后，中国在大西北建立各种工业基地，大力发展矿业生产。当时有大批地质工作者在青海腹

上图 走进戈壁深处的察尔汗盐湖，这里千百年间被誉为生命禁区。今天，一条"百里水景线"，深入盐田内部，这是一条盐粒铺就的道路，一半蓝色淡水湿地，是鸟类的家园；一半碧绿色盐田，采盐船在卤水中游弋生产，成为一处工业景观，重新定义了什么是不毛之地的生机盎然。

这条"百里水景线"，让盐泽与生命这对矛盾共同体实现了共存，近200平方千米的生态湿地内，生态环境持续向好，水草丰美、植物繁茂、珍禽汇聚。为世人展现了青海盐湖化工产业与生态保护协调发展的"生态奇迹"。

地进山下沟，寻找矿源。经数年努力，地质工作者和专家们终于认定：察尔汗地区的广大古盐湖里，有着丰富的矿产资源，尤其钾的储量巨大。

在化学定义中，盐不只是氯化钠，所有金属离子和非金属离子及原子团构成的物质都被称之为盐。在青海盐湖里析出的盐带中，常见的还有钾盐、镁盐、锂盐、硼盐等。让盐湖成为宝藏水体的正是其他微量元素。钾的产量和使用量最大，因为钾本就是植物所需的肥料源；镁盐是重要的医药原料，常被用于治疗消化道疾病；而锂的工业级制备是锂电池的主要原料，在电子产品和新能源汽车等领域都有重大价值。

在整个柴达木盆地，察尔汗湖的总面积达到了 5856 平方千米，相当于三个深圳，其中蕴含的钾镁盐矿的数量高达数十亿吨，占到全国已探明储量的 70%。1958 年，国家正式在青海建设钾肥工业生产基地，以改变中国没有钾肥的困难局面。当时 5000 多名热血青年响应党的号召，背着背包从全国各地来到青藏高原，来到神秘的柴达木和察尔汗。他们在荒凉的高原上、在盐湖边扎下帐篷，克服千难万险，在当年就顺利建厂投产，产生钾肥 1000 吨，填补了国内空白。之后察尔汗又被列为国家"七五"重点建设项目，进入"二次创业"。两代盐湖人，金戈铁马，艰苦接力，在高原奋战 50 年，把察尔汗建成了中国规模最大的钾肥生产基地，谱写了经天纬地的壮举。

这座中国最大的钾肥厂，曾经有力地支援了全中国的农业建设，维护了我国的粮食安全。谁能想到寸草不生的青海盐湖，会间接喂饱 14 亿人的肚子？青海的"海"，实在是上天赐予中国的宝藏。

2016 年 8 月，习近平总书记视察青海盐湖工业股份有限公司，听取柴达木盆地发展循环经济和盐湖资源综合利用情况介绍，了解企业生产经营、产业技术升级、高原特色生物产业发展、镁合金新材料等情况后强

调指出，盐湖是青海最重要的资源，要制定正确的资源战略，加强顶层设计，搞好开发利用。

近几年来，察尔汗丰富的矿产资源利用被定位为国家战略，青海省政府也对柴达木盆地资源开发提出了"综合开发、有效培植、循环利用、永续发展"的原则，以构建低投入、高产出、低消耗、少排放的循环经济模式。

以往因受科学与技术的限制，在生产钾肥的过程中，需先将钠、镁等过滤掉。察尔汗盐湖每年生产约 200 万吨钾肥，要排出 1500 多万吨富含镁盐的老卤。如此巨大数

下图　风物长宜放眼量，如今，察尔汉盐湖走上了经济生态"双赢"的绿色探寻发展之路。制定了绿色勘查、绿色开采、资源整合等措施，一批盐湖企业、矿区被评为国家级省级绿色工厂、国家级绿色矿山。还推进"工业＋旅游"多元化发展，察尔汗景区游人如织，在产业协同、多元发展的道路上一步一个脚印，扎扎实实向前迈进。

锂钾园"呼之欲出，"中国镁锂钾都"正在察尔汗盐湖快速崛起。

上图 青海察尔汗盐湖，是中国最大盐湖，这里蕴藏有丰富的氯化钠、氯化钾、氯化镁等无机盐，总储量达500多亿吨，这里有基本化工、农业、轻工、冶金、建筑和医疗等需要的重要原料。可以说一座察尔汗，是一座矿产的"百科全书"，对我国的经济发展可谓意义非凡。

量的老卤一直闲置在附近的湖中，不仅浪费了资源，还给盐湖的生态环境造成了影响。

如今这一局面已成为过去，青海盐湖集团通过充分利用区域太阳能资源和科技突破，整个盐湖形成生态开发产业链，衍生出一个集钾盐、钠盐、镁盐、锂盐和氯碱于一体的跨行业耦合发展产业集群，盐湖资源彻底实现了"吃干榨尽"。提钾之后大量排放的老卤曾一度被称为"镁害"，现在已变"害"为"宝"，科研支撑实现了"盐湖再造"。

现在的察尔汗盐湖人正瞄准国内外市场，努力开发市场紧缺的高纯镁砂、硫酸钾镁肥、金属镁、无水氯化镁等产品，"生态镁

世界最奇葩的桥：万丈盐桥

在青海柴达木盆地有一座举世无双的桥，"桥"似玉带，光滑坦直，旁无护栏，下无桥墩，不见流水。这座"桥"将世界第二、中国最大盐湖察尔汗盐湖劈成两半，湖光山色交相辉映，绝美景致不可言状，这就是青藏公路中的"万丈盐桥"。

时间回溯到 1954 年 5 月 11 日，青藏公路在格尔木正式破土动工，到当年的 12 月 15 日，仅仅用了 7 个月零 4 天，青藏公路就正式通车了，这是新中国成立后震惊中外的一大壮举。这支由慕生忠将军带领的筑路队伍，在这么短时间就修通了从青海西宁到西藏拉萨长约 1300 千米的青藏公路，总投资仅为 230 万元。全队只有一个工程师，以及1200 名由驮工转为筑路工的农民没有现代化装备，只有 3000 多件笨重的铁锹、镐头、钢钎、大锤之类的简易工具。

当年筑路英雄们一路披荆斩棘，铲坡填沟，在修筑敦（煌）格（尔木）公路时，闯进了察尔汗盐湖，但被溶洞区拦住了去路。在硬生生的盐盖下面，分布着无数上窄下宽的溶洞，溶洞是渗入地下淡水的溶蚀岩盐而形成的，形状就像一个个大头朝下的喇叭。用钢钎向下一插，探不到底，卤水至少有 3 米多深。要是汽车不小心栽进溶洞陷阱，纵使

有天大的本事也起不来。

盐湖上既无石头，又无沙土，拿什么东西填平这些溶洞呢？有人拿着一根撬棍，东敲敲，西戳戳，竟然掀起一块30多厘米厚的硬盐盖，这使大家茅塞顿开——就地取盐盖，不是也可以填平这些溶洞？真是柳暗花明又一村，他们选择了一段溶洞分布较少的地带，背来了一块块大盐盖，垫起了一条盐盖路基，汽车安全开过了一里多宽的溶洞区。

在开辟这段盐湖公路，以及后来整修盐湖公路时，不少人曾质疑此举的科学性。一个外国专家曾质问慕生忠，盐湖上怎么能修公路呢？慕生忠反问，你们国家有盐湖公路吗？回答说没有。慕生忠说："你们既然没有，那如何知道盐湖上不能修公路呢？"还有人责怪慕生忠说："土壤中含盐如果达到5%，公路就要尽量避让；如果含盐量达到10%，就不能修路，这是科学，不能蛮干。"慕生忠说："如果含盐量达到80%~90%，能不能修路？那含盐量100%呢？我看就可以修路，量变到质变嘛。"

据说后来毛主席知道了这一事情后，称赞慕生忠说："你用辩证法解决了实际问题，你把哲学运用到工程上了。"主席还请慕生忠吃了顿味道鲜美的鸡丝面。

"盐路打滑，注意慢行！"公路边的一块警示牌把我的思绪拉回到现实，汽车已经开进了中国最大的盐湖——察尔汗盐湖。脚下那光亮平坦的公路，就是世界奇葩公路——"万丈盐桥"。

要想知道盐桥的奥秘，首先要了解盐湖的质地与结构。察尔汗盐湖面积达5856平方千米，宽阔的湖面上水蒸发量比降水量要大140多倍。由于水长期蒸发，盐湖已浓缩成一层坚硬的盐盖。在几十厘米至一米多厚的盐盖下面，是深达一二十米的结晶盐和晶间卤水，公路实际上就像一座桥浮在卤水上面。万丈盐桥南距格尔木约60千米，北距锡铁山约30千米，盐桥全长为32千米，折合市制约合10400丈，横跨整个察尔汗盐湖，俗称"万丈盐桥"。

有趣的是，万丈盐桥由于路面过于光滑，汽车开得太快就会打滑翻车，所以桥头的木牌上限定最高时速不得超过80千米/小时。

盐桥的养护方法十分奇特。在盐路的两侧，相距几百米就有一个盐坑，坑底是浓度较高的卤水，这是专为养护路面用的。盐遇水可以溶蚀，当遇到盐路出现坑坑洼洼的时候，道班工人就从湖面挖起一块块盐盖铺垫在路上，然后浇上卤水使盐盖溶蚀，再经过南来北往的汽车碾压，不平坑凹的路面很快又平整如镜了。用含盐量达20%至95%的盐盖凝固而成的路面，抗压强度可达每平方厘米7千克至20千克。

万丈盐桥道宽路长，风光无限。只见笔直坦荡的路桥，像一把利剑将浩瀚的盐湖一劈两半。盐湖与雪山为邻，将绵延的山峦和皑皑的白雪映入湖中。四周围绕着白色的盐

上图　大柴旦翡翠，属硫酸镁亚型盐湖，原是化工厂盐湖采矿队的采矿区，是青海海西州第三大人工湖。由于湖水含盐量高，四季不冻。湖内富含不同浓度的钾、镁、锂等多种稀有元素，所以呈现出不同的颜色。翡翠湖清澈通透，透过水面，能清晰地看到湖底内层呈碧蓝色，外层呈奶蓝色。

带，宛若戴上皓玉似的项圈。盐桥两旁有钾肥厂的厂房、宿舍，有沟壑一般的采矿点。不远处还有举世闻名的青藏铁路，不时有一列列长蛇似的火车，吞云吐雾，呜呜吼叫着从湖面上飞驰而过。

疑是天琼落人间：翡翠湖

　　作为中国三大内陆盆地之一的柴达木盆地，历来被称作"聚宝盆"。这个封闭性的巨大山间断陷盆地，位于青海省西北部，青藏高原东北部。这里不仅是盐的世界（东南部多盐湖沼泽），还蕴藏着丰富的石油、煤，以及多种金属矿藏，如冷湖的石油、鱼卡的煤、锡铁山的铅锌矿等，已成为国家重要战略物资资源的产地。

　　除了盐湖丰富的战略资源价值外，其旷世的审美价值也日益显现。如今"天空之镜"茶卡盐湖早已驰名中外，探访者趋之若鹜，以至于景区接待能力不堪重负，于2019年3月另辟一新景区名曰"天空壹号"，以应对不断增加的客流。

　　在离茶卡盐湖400千米外的大柴旦镇，有一个美玉一般的翡翠湖绝世独立，鲜有人迹。翡翠湖原是大柴旦化工厂盐湖采矿队的采矿区。大柴旦，蒙古语称"伊克柴达木"，意为大盐湖。这里是柴达木盆地的"北大门"，位于青海省西北部，柴达木盆地北缘，为海西蒙古族藏族自治州直辖县级行政区。

大柴旦行政区境内高山纵横，盐湖遍布，地质结构和土壤结构复杂，成矿条件好，因而区内矿产资源丰富，具有品种多、储量大、品位高等特点。伊克柴达木湖又名大柴旦湖，为盐湖，湖中盛产硼、锂、盐、钾肥、芒硝等。

这片大小不等、形态迥异、深浅不一的盐池，其中的高浓度盐水在当地称之为"卤水"，历经多年的开采形成了大大小小的采坑，由于矿物元素含量的不同，呈现出绿、蓝、黄、褐等多种色彩。盐床由淡青、翠绿以及深蓝的湖水辉映交替，晶莹剔透，当地人称之为"翡翠湖"。在蓝天白云的映衬下，翡翠湖犹如一块块美玉散落在人间。

翡翠湖的盐类形状十分奇特，随手抓起来一把，放在阳光下细看，它们有的像璀璨夺目的珍珠，有的像盛开的花朵，有的像水晶，有的像宝石，因此有珍珠盐、玻璃盐、钟乳盐、珊瑚盐、水晶盐、雪花盐、蘑菇盐等许多美丽动人的名称。

前往翡翠湖的400千米车程，天空一直阴沉着脸，霏雨绵绵，冷风刺骨，我的兴致随之跌到冰点，原本计划蜻蜓点一下水，转而折向格尔木和可可西里，留出更多的空间欣赏藏羚羊迁徙的壮观场面。

谁也不曾料到，就在进入翡翠湖工作区5分钟后，天空突然撕开一道口子，随后厚厚的云层就像剧院开场的大幕，徐徐向两边拉开，阳光瞬间铺展开来。我的眼前忽地出现了一泓泓澄澈透彻、色彩明快的湖面，湖水的色彩既五彩斑斓，又光怪陆离，非文字可以表达。翡翠绿，薄荷蓝，琥珀黄，牛奶白……湖水岸边结晶出雪白的盐，天衣无缝地为大大小小的翡翠天境镶上了一道白色的框边。相依相拥，如梦似幻。

天空碧空如洗，朵朵白云随着清风悠然飘过。远处的英雄岭、油砂山山势挺拔、气势磅礴，褐色山体如螭龙纵纹，又如木质浮雕，与蓝天白云一起，倒映在恬静的蓝色湖面上，让人恍惚如梦，涤荡污垢浮尘。

柴达木盆地深处这片连地标都没有的绝世秘境，我在犹犹豫豫的时候与它邂逅，但它却以最神秘最美丽的一面呈现给我，这是心诚，还是天意？我忽然意识到，我抵达的这个地方，也许是一个梦也梦不到的仙境。

乌素特最后的落日：水上雅丹

20世纪50年代初，有八位来自南方的年轻女地质队员在此野外作业，寻找地下蕴藏的矿脉，突遇沙暴不幸全部罹难。为了纪念她们，中国地图上从此有了一个新地名——"南八仙"。这个既壮阔又凄美的地方，就是中国青海海西州大柴旦乌素特雅丹群。

雅丹，作为我们这个蓝色星球上数亿年

土层因风蚀雨侵风化而成的特殊地貌现象，一直被全世界地理和地质学家津津乐道，并对世界上具有较高审美价值的雅丹地貌景观进行了标注和详细描述。

雅丹地貌在世界各地均有分布，尤其以中国西北、中东、非洲以及南美洲等地区为多。不过，世界上绝大多数雅丹地貌都分布在或沙漠或戈壁的干涸或者半干涸地区，而在大面积湖面上形成的雅丹地貌，唯乌素特雅丹群独有。

乌素特雅丹群位于青海柴达木盆地的西北部，其主体为7500万年前的湖泊沉积物，历经千万年的地质运动和时空苍变，地壳渐次抬高，湖泊水体缩小乃至消失，盐和沙粒凝结的地壳被大风长期侵蚀雕塑，孕育和形成了这一片世界上面积最大、最为奇特怪诞的雅丹群落。

柴达木雅丹地貌群，海拔2700至3260米，总面积超过2万平方千米，主要分布在南八仙、俄博梁地区。柴达木雅丹地貌群西起茫崖，东至乌兰县西，绵延800余千米，而从南边的东台至北边的冷湖，宽度也达300千米，是中国乃至亚洲最大的风蚀土林地貌群。

乌素特雅丹群西临一里坪，东连马海，在大柴旦行委以西约 240 公里的东台吉乃尔湖和西台吉乃尔湖之间的鸭湖，这里原先并没有湖水，有一年洪水暴发，发源于昆仑山的那棱格勒河河水改道，大水淹没了这片区域，于是便形成了水上雅丹地貌。

作为世界上最早发现的一处水上雅丹奇观，区域内雅丹土丘高 10~25 米，最高可达 50 米。雅丹形态丰富多彩，遍布于湖泊之中。一到春秋季节，成群的水鸟和野鸭，或翱翔在湛蓝的天空中，或戏水在微光波映的湖水里，或在雅丹之上奔跑追逐。因此，这里被当地人称为"鸭湖"。

落日时分，天地铺上一片金色。天至蓝，水至碧，土林至奇，情趣至真。一处荒漠中的汪洋，一片蔚蓝中的绝美，摇曳着神秘莫测的灵动。

湖面之上，土丘林立，似礁似岛，磅礴寂寥，突兀神奇。此时此刻，我似乎感觉挣脱了时间与空间的束缚，过去、现在和未来，在这里都好像是虚无缥缈的。而我身处和站立的地方，早已漂移到蓝色星球之外了。

这里没有人工雕琢的虚伪，没有刻意炒作的噱头，展现在我面前的，只有原始苍凉之美、壮阔深邃之美、孤寂空灵之美、超凡脱俗之美。

水上雅丹，中国最后的荒野美景。你是一座诗碑，是一间课堂，是一本巨著，你的大美告诉我们，即便是荒漠旷野，那也是我们这个世界完整美好不可或缺的一部分。

曾经在古丝绸之路上为东西方文化经济友好交往做出贡献的盐湖资源，如今在"一带一路"的进程中上升为国家战略，必将为中华民族复兴大业谱写新的篇章。

左图　阳光，蓝天，白云，雅丹，青湖，鸥鸟，沙滩，游人，不动声色，却美轮美奂地组合在疾劲壮阔的湖风之中，徜徉于此，仿佛忘记了岁月的轮回，时间似乎停摆。静谧的湖光山色，奇异的沙丘造型，独特的地理地貌，瞬息万变的环境气候，让魔鬼城的称谓显得名副其实。这里没有雕琢的虚伪，没有刻意的宣传，只有撼人的原始之美。

丝绸之路之后，沟通欧亚大陆的又一条近代国际大商道

003

万里茶道百年荣辱

河北省张家口市 · **万里茶路**

17世纪到20世纪初的欧亚大陆，兴起了一条以中国南方福建武夷山下梅村为起点，北到蒙古国库伦（今乌兰巴托），最后辐射欧洲大陆的"万里茶道"。这条"世纪动脉"是继丝绸之路之后，沟通欧亚大陆的又一条国际商道，深刻影响了沿线东西方各民族商贸、文化和生活方式。

随着"万里茶道"的日益兴盛，张家口从原来的一座军事要塞，迅速发展为一座北方商业重镇。大境门犹如一座历史地标，见证了中西方多元文化的交流互鉴，以及"万里茶道"的百年兴衰。近日，国家文物局正式同意将"万里茶道"列入《中国世界文化遗产预备名单》。"万里茶道"申报世界文化遗产涉及我国8个省份，河北段主要集中在张家口，即怀来鸡鸣驿城、张家口堡、大境门、察哈尔都统署旧址和宣化古城等。

大境门："大好河山"内外一统

大境门是中国万里长城四大关口之一，位于张家口市正北端，建于崇祯十七年（1644），全长450千米。其中张家口西境内长城全长3700米，依山势修建，就地取材，以石垒筑，灰浆勾缝。大境门外，东、西太平山巍然对峙，地势险要。历史上这一带是兵家的必争之地，是扼守京都的北大门，是连接边塞与内地的交通要道。

在封建王朝，统治者常以长城和门为界，做生意的外族人只能在城外交易。"境门"，意思是指边境之门。相对于万里长城如山海关、居庸关、嘉峪关等关隘而言，大境门是一个功能十分特殊的关口。其他关隘都以"关"或"口"称谓，而只有张家口这处关口被称作"境门"，其中包含着"一商一武"的双重功能。

据清道光十四年（1834）编纂的《万全县志》载："本朝于边墙下开二门，东曰大境门，西曰小境门"。同时记载于顺治二年（1645），就派满洲官兵防守大境门。乾隆二十二年（1757）纂修的《宣化府志》记载，顺治元年"管理境门事务"。

从大境门往西百米外，万里长城真正意义上的第一道门——小境门便呈现在眼前，低矮狭窄的门洞中，青石板地面上两道深深的车辙印清晰可辨。数百年以来，多少满载茶叶、皮毛的货车在此碾过，才能在如此厚重光滑的石头路面里深切出这样一条历史的印迹。双脚踩在凹凸不平的石板路上，耳中仿佛传来遁迹了近一个世纪的车轱辘声。

作为当年"张库大道"的起点，大境门为呼应日益兴盛的边地贸易需要而开筑是毫无疑问的。大境门是"万里茶道"集散路段的重要交通设施，更是北出长城，通往俄、蒙商道的重要地标。尤其从清顺治元年开始，在茶叶贸易和蒙汉互市中，大境门发挥了重要作用。

从明朝隆庆五年（1571）起，张家口大境门外元宝山一带，逐渐形成了在历史上被称为"贡市"和"茶马互市"的边贸市场。来自蒙古草原和欧洲腹地的牲畜、皮毛、药材、毛织品、银器等，在这里被交换成了丝绸、茶叶、瓷器和白糖，大境门外成为我国北方国际贸易的内陆口岸，被称为"路陆商埠""皮都"。

在鸦片战争前相当长的一段历史时期，张库商道是中俄贸易的唯一通道，张家口成为中国最大的茶叶出口基地和皮毛集散地。张库商道南承京津，辐射湖广，北面一直延伸至俄国恰克图和毛斯科洼（今莫斯科），影响直达欧洲和西亚。当时在长城脚下，大境门内外，店铺林立，牛马驼成群，各类货物堆积如山。甚至到 19 世纪末，张家口依然十分繁华，贸易额曾达到 1.5 亿两白银。

① 张家口是我国向北开放重要桥头堡，是万里茶道上重要的中转地和集散地，万里茶道以其深厚的历史文化价值、独特的地缘政治价值和广阔的经贸合作价值，对河北与内蒙古地区文化经济建设起到重大的推动作用。

② 图为张家口大境门长城。万里茶道是 17 世纪兴起的以茶叶为大宗货物的中蒙俄之间的商贸大通道，被喻为"世纪动脉"。其与享誉世界的古代丝绸之路，以及后来的"茶马古道""海上丝绸之路"等，共同构成了中国乃至世界历史上东西方经济文化交流的重要渠道。

站在大境门前，仿佛时光倒流。远望口里口外，眼前仿佛浮现一辆辆老倌车从西沟出发，登旱淖坝，一路向北进入蒙古高原，然后经库伦、恰克图（今俄罗斯联邦布里亚特共和国恰克图市）进入俄罗斯，并沿贝加尔湖西去，直抵欧洲各国……

康熙三十六年（1697）第三次北征噶尔丹，其主力部队就是从张家口大境门誓师出发。平定噶尔丹后不久，张家口晋籍文人张自成被长城内外祥和繁荣的景象所感动，于康熙五十二年（1713）挥笔写下"内外一统"四个大字，镌刻在大境门外的石壁上，表达了长城内外广大民众向往祖国统一和平的诉求。"内外一统"摩崖石刻有满、汉、蒙、藏、梵等六种文字。1927年，最后一任察哈尔都统高维岳被大境门内外的高山大川和商贸繁荣所感动，写下了"大好河山"四个颜体大字，更为大境门增添了色彩。

1910年，由于张库大道的繁荣，清廷把第一条国有铁路修到张家口，由詹天佑设计施工的京张铁路建成通车。百年之后，2020年12月30日，"复兴号"智能动车组列车准时发出，驶向2022年北京冬奥会张家口赛区核心区太子城站。这列当时世界最先进的列车从八达岭长城脚下穿过，与100多年前京张铁路并肩前行。百年跨越，两条京张线，见证了中国人从自己设计建设第一条"争气路"，到成为开启智能高铁"先行者"的辉煌历程。

大境门，既目睹了长城内外的沧桑巨变，又昭示了新时代的澎湃活力。张家口，正全力借助冬奥会和"一带一路""草原丝绸之路"的世界影响力，再次迎来新的发展机遇。

张库大道："东方树叶"书传奇

"欧洲人趋之若鹜，都跑到中国买茶叶去了！"这一句300年前在欧洲的流行语，形象生动地描绘了兴盛于17世纪到20世纪初欧亚大陆的"万里茶道"。16世纪葡萄牙人东来，最早将茶叶传入欧洲。与数千年前的中国人一样，欧洲人最初是把茶当作药品饮用，当时荷兰东印度公司运输极少量茶叶入欧洲，法国贵族更是把中国茶视作珍宝。当时茶价昂贵，甚至有人以黄金制箱专盛茶砖做成豪华礼品，中国茶叶仅仅是国外宫廷和豪门作为养生和社交礼仪之用的奢侈品。

1661年，从法国流亡回国的查理二世成为英国新国王，而葡萄牙正与西班牙"闹分家"，各方都需要通过联姻获得外援支持。为此，阿方索六世找上门来，要把他漂亮的姐姐凯瑟琳嫁给查理二世，并许诺还有丰厚的嫁妆。第二年，查理二世迎娶了凯瑟琳，这位葡萄牙公主的嫁妆里不仅有大量金银珠宝，还有一箱重达221磅左右的中国茶叶和一套精美的茶具，这在当时是珍贵的奢侈品。

由于凯瑟琳皇后面容姣好，美艳动人，

很多人以为这和她喜欢喝中国茶有很大关系。所以饮茶理所当然慢慢成为英国贵妇人竞相效仿的一种时尚，茶当时被称为"人权的甜点""图腾饮料"。凯瑟琳从葡萄牙的"茶叶公主"变成了英国的"饮茶皇后"。在她25岁生日时，当时的著名政治家、诗人艾德蒙·瓦勒还专门为她写了一首题为《饮茶皇后生日颂》的诗。

当时英国市面上很难买到中国茶叶，即使有价格也不菲。1660年查理二世复位后召开的第一次议会的主题，就是讨论如何把中国茶叶作为奢侈品进行征税，最终确定为每加仑茶叶收税8便士。到了1606年，葡萄牙人从印尼爪哇把中国茶叶带到欧洲，这种神秘的饮品，就此成为欧洲勋贵们趋之若鹜、竞相追逐的尤物。如英国东印度公司，

1615年开始从日本少量进口中国茶叶，而且"每次订货，都要由总公司发函，求取上等中国茶一罐"，由于价格昂贵，往往"掷银圆三块，饮茶一盅"。

查理二世毫不吝啬地把孟买给了东印度公司，却把221磅茶叶视若至宝。1664年，东印度公司从荷兰商人手里买到2磅2盎司（约1千克）中国茶叶，把其中2磅（约0.9千克）送给国王，国王高兴之余给予其嘉奖。1666年，东印度公司再次献茶给英

下图　图为万里茶路经过的坝上草原。万里茶道最初的形成，与蒙古草原和西伯利亚一带的游牧民族生活需求有直接的关系。他们长期生活在纬度较高的寒冷地带，日常饮食以食肉、饮乳为主，由于茶叶具有解腻、提神、增加热量、补充微量元素的作用，因此成为他们生活必需品，被誉为"健康天使"。

上图 图为坝上草原莜麦丰收景象。一度湮没于历史长河的万里茶道，正在人文、旅游、经贸等领域，为沿线国家和城市带来新的合作机遇，在"一带一路"建设中绽放全新的生命力。

王，这则奇闻曾轰动整个欧洲。法国国王最后也按捺不住，竟派出密探潜入英国王宫，设法打探中国茶叶的奥秘。当时中国茶叶的火爆程度可见一斑。

1657 年，托马斯·加威先生向顾客介绍茶叶的药效作用并销售茶叶，他就此成为英国的第一位茶叶商人。到了 1658 年，一则售茶的广告刊登在伦敦一家名为《政治公报》的新闻周刊上，"那种极好的，受到所有

医生认可的中国饮料，中国人称它为茶（Tc广告宣称：ha），其他国家称作武（Tay）或堤（Tee），现在萨潭尼斯海德咖啡馆有售，地址位于伦敦皇家交易所附近的斯威汀润茨街。"这是世界上最早的一则茶叶广告，也是英国历史上第一则商业广告。

有历史学者称，近五百年的世界历史，其中很大一部分就是茶叶的历史，这种说法其实印证了中国茶叶在世界文明进程中的重要作用。年复一年，茶商们驮运着产自武夷山的茶叶，从福建下梅村启程，一路向北，连续穿越中国的河流与群山、戈壁与沙漠，途经江西、湖南、湖北、河南、山西、河北、内蒙古等地，再穿越蒙古国，直抵俄国边境小镇恰克图，接着继续向北，然后向西穿越俄罗斯腹地，到达莫斯科和波罗的海岸边的圣彼得堡，全程近 2 万千米，形成一条历史上著名的"万里茶道"。

19 世纪中期，出自福建的茶叶驮运至张家口有多条不同的路线，但大量的货物最后都必须汇集张家口进行换装，然后转驼队继续北上。一路走军台（驿站）30 站转北行 14 站到库伦，距京约有 4000 余里；一路由库伦北行 11 站至恰克图，约有 800 余里，这就是张库大道。这条大道开始修建时，是为了加强和蒙古的联系，之后由于商贸兴盛的需要，不断向北延伸到恰克图。

张库大道地处中、俄商贸往来和文化交流的前沿地带，一百多年来，经过绵延不断的贸易，张库大道和张家口相互依托、共同

发展。清代西北地区商人在政府所设蒙古台站基础上开辟了多伦诺尔、归化和张家口三个方向通往西北的商路，在这三条商路中，张家口方向的这条大道最为稳定。

在清代中俄贸易期间，张库大道的地位愈显突出。同治年间，俄国把定点贸易变为贩运贸易，于是有了中俄陆路通商章程。清政府允准俄国商人直接到中国内地采购茶叶，并且把它们运回恰克图，于是有越来越多的俄国商人经张家口到福建等地采购茶叶。据档案记载，同治三年（1864）2月至8月仅仅半年内，经过张家口往恰克图转运的俄国茶商有20人次，运砖茶2764箱，共计184200斤，其中白毫茶1740箱，共计133083斤。

古道悠悠，茶香袭袭，张家口是"万里茶道"北方地区最为重要的交通枢纽、贸易中转站，也是平原、山地运输向草原、荒漠运输的转换节点。处在中西方商贸往来和文化交流前沿的张家口，是国家之间、民族之间互相交往的大通道，有效支撑了"万里茶道"的现实意义和历史价值。张库大道不仅承担起了经济交往的责任，还促进了不同文化间的交流，见证了神奇的"东方树叶"改变世界这一事实。

张家口堡：先武后商

张家口堡（bǔ）子里，始建于明宣德四年（1429），是张家口的发源地和母体，见证了张垣大地六百年沧桑岁月。因"万里茶道"和张库大道的兴盛，它从原先长城防线以"武城"名冠北疆的一个军事城堡，演变为一个豪商巨贾、金融票号、商家店铺集聚的商业城镇。

"因武而成，因商而兴。"同中国的"羊城"广州、"牛城"邢台一样，张家口市在漫长的历史进程中同样被赋予了一个特殊符号，"武城"张家口。张家口堡是长城防线宣府镇（宣化）的一处军事要塞，在明朝阻止蒙古军队进犯中一直发挥着重要作用，至明朝末三百年历次大小战争中从未失守过。

既为"武城"，张家口城堡内建筑布局也不同于一般城堡。堡子里初建堡方四里十三步，墙高三丈二尺。明成化十六年（1480）因人口增加展筑关厢，周五里。当时就建有守备署、协标署、中营署三处屯兵营房，以及军用粮仓、草场等，而且像玉皇阁等还有着明显防御功能。明、清时期的张家口堡就是长城防御体系的组成部分，张家口堡就是一座名副其实的"武备之城"。

史书记载："指挥张文主持营建张家口堡。堡方四里有奇。城高三丈二尺。东南两面开有城门，东门曰'永镇'，南门曰'承恩'。"因该堡以北有东、西太平山对峙如巨口，故名"张家口"。张家口堡不在西北修门，就是为了防备西北草原游牧部落的骑兵突袭。现在进出堡子里要有四个通道，西边的出口叫西豁子，是后来当地人为方便出行在城墙上扒开的一个豁子。

北门是张家口堡建成 100 年后由后来的万全指挥使章珍开筑的，由于明中期"茶马互市"的开通，中国北方出现安定的社会局面，各民族之间经济文化交流日益扩大，张家口堡与长城一线的来往增多，政府决定开筑北门。嘉靖八年（1529），指挥使章珍改筑城堡，在北城开一小门，出小北门下面是北关街。明朝后期，明廷与蒙古俺答部之间化干戈为玉帛，实现了"茶马互市"，张家口堡的功能也相应发生变化，由单纯的军事城堡逐渐演变为兼有贸易功能的边境城市。

建堡之初，堡内建筑仅有军事设施、官衙官邸、豪商私宅、宗教场所等，后来依附于城堡的寺庙、民居、街市陆续建成。现完好保存的建筑有玉皇阁、关帝庙、奶奶庙、孔庙等，环堡四周完好保存的建筑有财神庙、药王庙、马神庙、清真寺等。

中外商贾聚集张家口堡，给这里带来了繁荣。他们投入大量资金，在堡子里建筑了数以百计的深宅院。这些四合院规模宏，大都保存完好，其中的木雕、砖雕、石雕精美，是塞外山城民风民俗的生动体现，也是堡子里这个中外商贾聚集地昔日繁华景色的生动写照。武城不一定就意味硝烟战火，刀光剑影，它还有更重要的威慑作用。张家口堡武城建成后的数百年间，虽偶有惊扰，却从

未失守, 究其缘由就是备而无患。武城保护了这方山水, 庇佑了 —— 方安宁。清代诗人陈逢衡赋诗所赞: "欲把舆图求胜概, 张城第一塞垣冲。"

张家口曾为"华北第二商埠"。堡子里这座张家口市的"城中之城", 留存至今的众多四合院、商号、票号、钱庄等历史建筑, 无不与"万里茶路"和张库大道有着千丝万缕的联系。

张家口堡最开始分为上堡(来远堡)和下堡(堡子里), 随着张库大道的兴盛, 上、下堡相向发展连成一片。张家口堡的功能也相应发生变化, 由单纯的军事城堡演变为兼有贸易功能的边境城市。清朝末年, 随着民族资产阶级的壮大, 张家口堡的经贸迅速发展, 1909 年京张铁路开通后, 张家口成为通往西北的货流枢纽, 步入近代城市行列。

辛亥革命后, 张家口成为对外开放的重要商埠。1918 年是张家口商业贸易的鼎盛时期。据《张库通商》记载, 张家口对蒙古贸易的商号增加至 1600 多家, 年贸易额达

① ②图为昔日商号林立的张家口堡。历史上, "万里茶道"既是一条运输贸易线路, 也是一条各民族交往交流的文化线路。"万里茶道"的形成也带动了沿线城镇的发展和繁荣。从茶叶采摘、运输到加工, 吸引了大批劳动力集聚, 拓宽了就业门路和岗位, 造就了一大批大商号和商业人才。沿途不少市镇因茶而生、因茶而兴。其形成时期正值西方完成第一次工业革命, 中国产品通过"万里茶道"销往欧洲, 促进中国商品加入世界贸易体系, 也推进了中国近代化的进程。

到 1.5 亿两白银。张家口被称为"华北第二商埠", 张家口堡成为中外商贾聚集之地。民国十二年(1923), 张家口的票号、钱庄已多达 42 家。

张家口堡的商号、票号、钱庄的投资人与经营者大多是晋商。著名的祁县乔氏家族, 在堡子里二道巷开办了宏茂票号。祁县渠家也在张家口开设了茶店以及三晋源、百川通票号。太谷的曹家在张家口桥西经商, 开设了锦泉涌、锦泰亨、锦泉兴票号、钱庄。

张库大道的兴盛, 吸引了为数众多的国外资本。当年的张家口堡也是外国商人的聚集地。据记载, 民国初年在张家口的外国商行有英国的德隆、仁记、商业、平和商行, 德国的礼和、地亚士商行, 美国的茂盛、德泰商行, 日本的三井、三菱商行以及法、俄、荷兰的立兴、恒丰商行, 总数达 44 家。这在当时是除天津口岸、上海洋场之外又一个外商聚集之地。

张家口堡也是直隶和本地商贾的聚集

地。清代，随着对蒙俄贸易的全面开放，直隶和本地的许多商人聚集张家口的堡子里和来远堡，从事对蒙俄的贸易活动。这里有联手经营的束鹿（现为辛集）、深州、饶阳、辛集的直隶商帮，有北京的"京帮"商人，也有蔚县、阳原、怀安、涿鹿的本地商帮。这些商人汇聚张家口堡及其附近地区，为发展经贸作出了贡献。

张家口堡东关形成了武城商业街，如今这条商业街依然是张家口市最繁华的商业中心之一，林立的商店，熙来攘往的人群，无不展示着张家口现代化的气息。但一走进堡子里，仿佛切换了时空，少了几分喧嚣，多了几许安详。狭窄的街巷、斑驳的老屋、青色的石板、茂盛的老树、民众的日常……无不折射出张家口岁月的沧桑。

察哈尔都统署旧址：为张库商旅保驾护航

茶叶改变了世界。中国千百年之前的对外茶叶贸易，除了产品、商路之外，政府的行政管理至关重要。察哈尔都统署旧址是目前全国唯一幸存的清代都统署，有着250多年历史，曾经是清政府对北部边疆和对俄茶叶贸易的管理机构，同时肩负往来商旅安全、稽查、税务、征剿盗匪等职责，以确保"万里茶道"平安畅通。

马克思曾对"万里茶道"予以重视，并十分关注中国的命运。马克思在《资本流通的过程》《资本论》《政治经济学批判》等一系列论著中，多处提及中国的国际贸易和西方列强对中国的经济侵略。这些文章勾勒出中国茶叶贸易与西方经济和社会的关系，通过详实的数据论述了中国茶叶之路和海上茶叶之路的路线、经营成本和营销过程。

例如，马克思在《资本的流通过程》论著中，论述了茶叶从中国运往俄国的路线："俄国和中国的茶叶贸易可能是1792年开始的（其实这个时间还要提早）。""经陆路运到恰克图出售的茶叶，大部分是用船直接从汉口顺扬子江运到上海的，小部分是从福州和广州运到上海的。但是，较大部分的茶叶是在广州东北的福建省收来的……沿江到上海。在这里把茶叶再装上更大的船只，这些船只除其他货载外，装载1500箱茶叶。这些船只离开上海，沿着海岸航行到天津，在天气好的时候，大约要15天才能到达。在天津，又把茶叶装在较小的约能载200箱的船上。它们沿白河经过10天到达离北京约22俄里（1俄里＝1.0688千米）的通县。从那里茶叶继续由陆路用骆驼和牛车运抵边防要塞长城边上的张家口（或口外），距离约252俄里，再从那里经过草原，或沙漠、大戈壁，越过1282俄里到达恰克图。茶叶从福建省运抵恰克图，根据不同情况需要2至3个月之久。大家知道，位于俄国和中国边界上的恰克图和买卖城是茶叶商队贸易的中心。"

马克思的这段记述，证明了当时江南的茶叶主要是通过海运到天津港，沿海河以及通惠河到达通州，然后陆路经北京、张家口，沿着张家口到库伦（今乌兰巴托）的商贸大道，再到俄罗斯的恰克图。

在这条茶叶之路上，河北有两个地方成为重要的历史节点。一个是通惠河，一个是张家口。通惠河是元代邢台学派著名科学家郭守敬主持修建的从大运河通往元大都的漕运河道。在元朝中后期，每年最高有二三百万石粮食和茶叶从南方经通惠河运到大都。这条河道一直沿用到20世纪初叶。而张家口作为中原通往恰克图的贸易通道，明代隆庆议和后开通了小境门，创建了来远堡。清顺治入关后，长城失去了作为中

原屏障的意义，所以清朝皇帝下诏开辟大境门，打开了北京通往关外乃至俄罗斯的商贸通道。

清雍正六年（1728），清政府和俄国签订了《恰克图条约》，选定边境城市恰克图作为互市地点，所有从张家口出关的货物都要在大境门和小境门缴税。学者刘选民在《中俄早期贸易考》中提到："中俄陆路贸易，向来不会抽税，只是各国境内关口会征收卡税。中国就在张家口设置了关卡，向来

上图　图为察哈尔都统署大门。其统辖察哈尔八旗四牧群，实施军政管理，监督户部税务署榷税事务，负责颁发茶叶等北销商品的营销执照信票（龙票），同时保护张库大道商旅安全，负责稽查、征剿盗匪事宜，为万里茶道的兴盛保驾护航。

往恰克图、库伦的商人征税。"

清政府税费征收管理相当严厉，颁布了《严禁越卡私贩章程》："中国内地商人在恰克图进行茶叶交易，必须先向理藩院领取茶票，每茶三百箱，作票一张，收规费银五十两，所领商票限一年缴销。""茶票"就是信票，茶商要按照茶票纳税。当年因为茶叶出口量大增，清朝政府在大圐圙（即库伦）、张家口等地征收的茶税不断上升，成为国库收入的重要组成部分。

《清季外交史料》记载，张家口当时有100多家专营茶叶的商户，其中买卖最兴盛的是大玉川、长裕川、长盛川、大昌川四大茶庄。他们经营的川字砖茶在俄罗斯、蒙古等地非常热销。茶叶甚至成了硬通货，可以直接当钱花，在民间就有老百姓拿"川字砖茶"作为货币进行买卖交易的记述。清顺治三年（1646），户部在张家口设立钦差户部分司，位于今张家口桥西区武城街南端的一条小街上，百姓称"税司街"。

《大清会典》记载，清朝初年，张家口关税定额一万两，雍正时期增到两万两。随着中俄贸易的繁荣，关税定额不断增加。嘉庆四年（1799），张家口关税超出了定额，盈余合计六万多两，这些进出口贸易税收成了清政府重要的财政来源。《张库通商》中记载："张库通车，运输更加方便，年贸易额达到一亿五千万两白银。"《察哈尔通志》也有描述："张库汽车路修通后，市场更加繁荣，年贸易额达一亿五千万两白银，其中年销砖茶三十万箱，输入羊毛一千万万斤，羊皮一千五百万张之多。"可见，当时张家口是清朝政府的重要税源地之一。

从地理位置上看，张家口是"万里茶道"北方地区最为重要的交通枢纽、贸易中转站，也是平原、山地运输向草原、荒漠运输的转换节点。处在中、俄商贸往来和文化交流前沿地带的张家口，见证了17世纪末至20世纪初跨区域的中俄茶叶商贸体系、运行模式和商人群体生活方式，对沿线地区经贸发展的促进和多元文化的交融，发挥着尤为重要的作用。

因为张家口这一个商埠的重要地位，最终促成了清政府派詹天佑主持创建中国人设计修筑的第一条铁路——北京到张家口的铁路，使中俄茶叶贸易迈入铁路运输的时代。与此同时，这条从京津冀到恰克图的茶叶之路，带动了中俄贸易和中西方文化的交流。1905年，中国参与承办了第一届国际体育盛会，即北京——巴黎汽车拉力赛。这场途经张家口的国际体育赛事，也给张家口留下了中国体育百年的开篇。

察哈尔都统署旧址建于清乾隆二十六年（1761），坐落于张家口市桥西区明德北街三角地东侧，为清式一品官衙建筑规制。察哈尔都统是清朝统一中国后，为巩固和维护满洲贵族的封建统治所设，官职从一品，职掌八旗四牧群旗民教养、训练、驻边、屯垦，管理军台署等，不理政务。清代仅设乌鲁木齐、热河、察哈尔三个驻防都统，其中察哈尔设置时间最早，是唯一兼辖副都统，也是目前全国唯一幸存的清代都统署。

察哈尔都统府旧址现存建筑总体布局以中路建筑为主，东西两路为辅，占地面积约7300平方米，大小房间67间。衙署坐北朝南，四进院落，采用传统的庭院式建筑风格，中轴线上由南向北依次为大门、仪门、大堂、二堂、内寝。大门、仪门、大堂、二堂均建有耳房，二堂及后寝建有厢房。前朝后寝，威仪庄重，礼制森严，为我国清代官衙建筑的完美体现。

最开始时，察哈尔都统的职责主要是统辖察哈尔八旗军政，掌管察哈尔八旗游牧事宜，负责察哈尔地区的安全和稳定，稽查、征剿盗匪，负责蒙古族人之间、蒙古与汉人之间的诉讼事宜以及负责管理通往蒙古地区的台站。

到了清代中后期，随着蒙汉贸易、中俄贸易的兴盛，张家口的军事地位逐步下降，政治经济地位迅速上升，察哈尔都统的作用逐步改为统管军政、民政，成为察哈尔地区的最高长官，职责在原来基础上又增加了两项内容——保护往来商旅安全，保障"万里茶道"的平安畅通，以及管理张家口户部税司署。

清代西北地区商人在政府所设蒙古台站基础上开辟了多伦诺尔、归化和张家口三个方向通往西北的商路，其中张家口方向这条最为稳定。察哈尔都统署的设立是清政府为有效掌控中国北方内贸和恰克图外贸的一项重要举措，加强了旅蒙商贸、中俄外贸的管理，促进了恰克图贸易量的增加和张家口商贸的兴盛，使其成为清朝旅蒙商贸、中俄外贸最重要的管理处和集散地。万里茶道由此兴盛了数百年。

① ② 位于张家口的察哈尔都统署，建于清乾隆二十七年（1762），是设置时间最早、唯一兼辖副都统的都统署，也是目前全国唯一幸存的清代都统署。察哈尔都统署是清政府对北部边疆和对俄茶叶贸易的管理机构，是"万里茶道"商贸体系的重要构成要素。

万里茶道上一处重要的补给休息之地

004

京张道上一鸣惊人

河北省张家口市怀来县鸡鸣驿城·**万里茶路**

"万里茶道"已列入《中国世界文化遗产预备名单》，这是一条继海陆丝绸之路之后，兴盛了数百年的又一条中西方文化商贸互融互通的"黄金之路"。虽然昔日沉重的驼铃声已离我们远去，但凝固在张库大道上丰厚的文化遗产却日渐清晰起来，比如鸡鸣驿城。

京张道上既军也商的重镇

如今的110国道"京青线"从鸡鸣驿东城门一跃而过，殊不知早在千百年之前的先秦时期，这条通衢大道就以"上谷干道"而名闻天下。此后的历朝历代，都把这条交通大干道作为东经居庸去燕（现北京周边）、冀（河北一带），西到大同、新疆，南通飞狐（河北蔚县南）、紫荆关（位于河北易县，长城关隘之一），北达库伦（今蒙古国乌兰巴托）和俄罗斯的必经之路。当时地处交通要道的鸡鸣驿，不仅担负着军事、民事驿站之责，同时也担负了张家口"茶马互市"和草原茶叶之路的商贸重任。

鸡鸣驿，因背靠鸡鸣山而得名。《水经注》说，赵襄子杀代王于夏屋而并其土，襄子迎其姊于代。其姊代之夫人，至此曰，代已亡矣，吾将归乎，遂磨笄于山而自杀。代人怜之，为立祠焉，因名其地为磨笄山，每夜有野鸡鸣于祠屋上，故亦谓之鸡鸣山。《明一统志》也说，唐太宗北伐至山闻鸡鸣，因

下图　图为宣化天主堂。宣化古城是"万里茶道"的重要节点，是由军镇向商贸城镇成功转变的又一典型。

名鸡鸣山。

鸡鸣驿始建于何年未见确切史载。1219年成吉思汗率兵西征，在通往西域的大道上开辟驿路，设置"站赤"，即驿站。明代永乐十八年（1420），鸡鸣驿城进行了加固和扩建，成为宣化府通往京城的第一大驿站。

蒙古语称驿站为"站赤"。"元制站赤者，驿传之译名也。""凡在属国，必置传驿。星罗棋布，脉路贯通。朝令夕至，声闻必达。""盖以通达边情，布宣号令，古人所置邮而传命，未有重于此者焉。凡站，陆则以马以牛，或以驴或以车，而水则以舟"。过去在辽东地区的站赤甚至备有狗站。不仅如此，元代站赤有非常具体而又详尽的规制，而且几乎每朝对站赤的规定都有不同程度的增补，驿站的功能日趋完善，甚至胜过唐宋。

元世祖时，燕京至开平府、京兆，设急递铺，每十里或十五里、二十里则设一铺。关于所传件都有具体的规定："……其文字本县官司绢袋封记，以牌书号。其牌长五寸，阔一寸五分，以绿油黄字书号，若系边关急速公事，用匣子封锁，于上重别提号，及写某处文字，发遣时刻，以凭照勘迟速。其匣子长一尺，阔四寸，高三寸，用黑油红字书号……"这有些类似现今的特快专递与加密急件。

到明英宗至治三年，对急递铺的规定更为细密："……凡铺卒皆腰革带，悬铃持枪，挟雨衣，赍文书以行。夜则持炬火，道狭则车马者，负荷者，闻铃避诸旁，夜亦以惊虎狼也。响及所之铺，则铺人出以俟其至。囊板以护文书不破碎，不襞积，折小漆绢以御雨雪，不使濡湿之。及各铺得之，则又辗转递去。"规范如此严密，令人赞叹有加。

意大利旅行家马可·波罗曾这样描述元代驿站："各省之要道上，每隔二十五迈耳，三十迈耳，必有一驿……合全国驿站计之备马有三十万匹，专门使用。驿站大房屋又一万余所，皆设备妍丽，其华糜情形使人难以笔述也。"

古代"驿站"，类似今天的"邮局＋快递"

明代是鸡鸣驿城的黄金时代。明成化八年（1472），鸡鸣驿站建土垣，隆庆四年（1570），砖修城池。全城周长2330米，墙高12米，在东、西城墙偏南处设东、西两座城门，门额分别为"鸡鸣山驿""气冲斗牛"。门台上筑两层越楼，上面城墙均筑战台。北城墙中部筑玉皇阁楼，南城墙中部筑寿星阁楼，两座阁楼遥相呼应。城下东、西马道为驿马进入通道，城南的"南宫道"即当年驿卒传令干道。

城内占地22000平方米，依照"三横两纵"的规划主要道路，将城区分成大小不等十二个区域，重要的建筑多数沿头道街、西街和东街展开。至明朝永乐十八年（1420），鸡鸣驿规模越来越大，城内不但设有驿丞署、驿仓区、驿学区、商业区、把总署、公馆

院、马号、宗教等建筑，还有戏楼、茶馆和寺庙等宗教娱乐设施。

我们现在可以作这样的联想：当时每日马铃声声，飞尘滚滚，身穿邮服、腰挂"火印木牌"的驿卒，乘骑传递，风风火火，昼夜不停，何等热闹。清乾隆三年（1738），为加强驿城的防御，对城垣进行了全面维修，并在城东南角城墙上筑角楼魁星阁一座。为防止山洪侵扰，又于城东筑护城坝一道。

驿站曾在中国历史上起过重要作用，关乎国家安危。作为中国古代邮政机构，它的

① ② ①②随着万里茶道的兴盛，鸡鸣驿城功能和性质发生了根本性转变，其在茶路兴盛前，以邮驿功能为主的驿站，之后成为以商贸功能为主的集镇。鸡鸣驿城是我国现存保护最为完整、规模最大的驿城，被誉为"中国邮政博物馆"活化石。

功能类似当今的"邮局＋快递"。在中国历朝历代，各地之间都有"省级公路"相通，其间曾建有无数座驿站。如果没有驿站，就没有杨贵妃的"一骑红尘妃子笑"，也没有李清照的"锦书谁寄相思语"。上到国家大事，下至个人书信，都是通过驿站来传递，特别是处于边疆的驿站，对传递军情尤为重要。

古代时传递消息和发放官文都用快马，后因马的体力和奔跑的距离都很有限，要完成数百千米的传递不得不中途换马，所以就在沿途建立许多马站，后来这种马站又演变成接待过往官员、商人的临时驿站，同时完成传递信息和邮件任务，也起着军事城堡的功能。可以说驿站在古代起着现代邮局和军事基地的作用。

邮驿事业的发展，给鸡鸣驿的建设发

展带来了契机，驿城内经济、文化繁荣，商贾云集，庙宇辉煌，公馆宏伟。每年农历四月十三至十九的鸡鸣山庙会和腊月十六、二十一、二十六三个集日，驿城内更是满街摊贩，大唱庙戏，人声鼎沸，热闹非凡。直至1913年北洋政府宣布"裁汰驿站，开办邮政"，鸡鸣驿这座古驿站才完成了它的历史重任，结束了作为驿站的694年的历史。

鸡鸣驿现存城墙，除西城墙中部有部分塌陷（现已修复）外，其余均整齐矗立，棱角分明，不歪不倾。城门拱洞高耸，门上镶有铁板、铁钉，依然牢牢紧钉于门板之上。城内佛、道教寺庙和驿站等建筑仍保存完好。尤其是专供过往官员、驿卒就餐住宿的"公馆院"即驿馆，做工考究，砖雕和明清壁画栩栩如生，别有情趣。光绪二十六年（1900），

八国联军侵占北京，慈禧太后仓皇西逃时曾在鸡鸣驿城内下榻，遗址尚存。

鸡鸣驿作为国内保存最好、规模最大、最富特色的民军邮驿建筑群，其丰厚的历史价值和审美价值，吸引了全世界的目光。2003年和2005年，鸡鸣驿两次被世界文化遗产基金会列入100处世界濒危遗产名单。1996年8月，国家邮电部为纪念中国邮政创办100周年，特发行了纪念邮票《古代驿站》一套，这套邮票共两枚，其中一枚就是鸡鸣驿。

暮秋时节，我站立于"鸡鸣山驿"东城门之上极目远望，城下京张大道上东来西去的车辆川流不息。有多少人会想到，就是这凝固六百年时光的城墙，将历史与现代相隔在一砖一瓦的咫尺之间。

自古多民族混居之地，南北文化交融之地

005

渔阳故地丝路遗风

天津市蓟州区 · 丝绸之路

中国的万里长城走向，与之后出现的丝绸之路，他们互为表里、相得益彰，共同铺就了亚欧大陆的和平之路。天津地区自唐代始，就已成为中国各民族多元文化共同繁荣的区域。相对于天津城区六百多年建城史来说，北郊蓟县（现蓟州区）的历史，则要古老悠久得多。

蓟州，游牧文明与农耕文明的交汇地带

蓟州城中国宝级文物鼓楼匾额"古渔阳"三字，充分概括了蓟县的古老历史。蓟县在春秋时期曾建无终子国。秦代置无终县。汉高祖元年，项羽封韩广为辽东王，建都于此。隋代大业初改名渔阳。唐朝诗人杜甫《后出塞》有"渔阳蒙侠地，击鼓吹笙竽"诗句，白居易《长恨歌》"渔阳鼙鼓动地来"的诗句也指此地。在唐、辽、金、元各朝，蓟县都称渔阳。直到明洪武初年，渔阳名称才被蓟州所代替。

鼓楼"畿东锁钥"题匾概括了蓟县地理方位的重要性。蓟县自古为北方重镇，军事要冲，兵家必争之地。西汉燕王臧荼杀辽东王韩广，东汉大将吴起杀幽州牧苗曾，东晋时后燕孟广平斩李朗，都在无终（蓟县）发生。在后赵、契丹、辽代、元、明、清，直到抗日时期，这里都曾是厮杀的战场。

蓟县以北古为游牧民族聚居之地，与农耕文明多有冲突。因此，唐代、辽代、明代等

历代统治者，都在此设重兵把守，筑城设防。东汉时无终即为右北平郡"四城"之一。明朝迁都北京后，蓟县为京城东邻，是拱卫京城的锁钥重地，加固城防成为重中之重。明陆树声《蓟州重修城楼记略》说："蓟州为京辅要镇……枕山带河，重关复镇，递为应援，以翼蔽畿辅……故崇墉巨屏，特设守备，宿劲兵，丰储峙，以颐城守。"充分说明了蓟县地理位置的重要。

辽代时期的蓟县，处于一个历史文化的黄金发展期。辽朝（907—1125）是中国历史上由契丹族建立的朝代，共传九帝。907年，耶律阿保机成为契丹部落联盟首领，916年建国号"契丹"，定都上京临潢府（今内蒙古赤峰市巴林左旗南波罗城）。

辽代强盛时期，疆域东到日本海，西至阿尔泰山，北到额尔古纳河、外兴安岭一带，南到河北中部的白沟河（曾为宋辽两国界河）。契丹族本是游牧民族，但善于吸收农耕技术，为保持民族性辽代将游牧民族与农耕民族分开管理，主张因俗而治，开创出两院制的政治体制，并且创造了契丹文字，保存了自己的文化。此外，辽还吸收渤海国、五代、北宋、西夏以及西域各国的文化精髓，有效地促进辽国政治、经济和文化的发展。

白塔，农耕秧歌与契丹舞风和平共处

辽代以喜欢佛塔而闻名于世，史上流传

有"辽以塔亡"之说。辽塔形式多变，随着时代的发展不断演化。在此过程中，经常会出现一些类型不明确、形制不清晰的混合类型的古塔样式，尤其是塔的上部、下部具有完全不同的特征，呈现出由不同结构类型组合而成的复合型古塔。

相对其他朝代，辽代复合样式的佛塔结构更显完美，呈现出比例和谐的完美体型，至今被佛塔界称为奇观，其中以北京房山云居寺北塔和天津蓟县观音寺白塔最为著名。

观音寺白塔素有"金峰平挂西天月，玉柱什擎北塞云"之誉，位于天津市蓟州区西南隅，与著名的独乐寺南相隔 300 米，历史上为"渔阳八景"之一。因塔前有观音寺，塔身白色，故又称"观音寺白塔"。白塔始建

的具体年代不详，据推测约建于辽代（916—1125），明嘉靖、隆庆、万历和清乾隆年间重修过。白塔在《水浒传》第八十四回"宋公明兵打蓟州城，卢俊义大战玉田县"中也有记载。

1932 年，梁思成在蓟县考察时曾撰写《蓟县观音寺白塔记》一文，对该塔进行过详细描述，收录在《梁思成全集（第一卷）》。梁思成认为观音寺白塔的第一、第二层是辽代所建，上半部则为倒塌后改建的，时间当在晚明以后。最终塔身形成了下部密檐式与上部覆钵式相结合的独特样式。梁先生认

为此塔和房山云居寺塔颇为相似，但终究是什么原因形成了这样一座复合型古塔已不得而知，但其作为复合型古塔的代表作，具有极高的历史文化价值和审美价值。

观音寺白塔虽然经历明嘉靖、隆庆、万历及清乾隆时期的多次维修，但主体结构和形制仍保持了辽代的原貌和风格。塔身平面呈八角，通高三十余米。塔的下部为花岗岩石条和砖砌的须弥座。座上用砖仿木构做出斗拱、栏杆和装饰花纹，其风格与独乐寺相似，足以证明此塔为辽代建筑。1976年唐山大地震，该塔曾经遭受波及，塔身多处出现裂痕。1983年大修时，塔内出土了辽清宁四年（1058）舍利石函一盒和金、铜、玉、瓷等文物百余件。

白塔须弥座上建两层八角形密檐式塔身，塔身南门内设佛龛，龛内壁绘壁画，东、西、北三面设假门，门两旁雕有飞天，轻翔门上，栩栩如生。塔身的八角作三层小塔，饰宝盖莲花塔身施短撸两重，上置八角形高

下图　蓟县白塔。这座历经千年风雨的古建筑，见证了蓟县悠久的历史和丰富的文化，也见证了千百年来多民族交融互鉴的历史进程。它不仅是蓟县的地标性建筑，更是中华民族宝贵的文化遗产。

大台座。台座上置喇嘛塔式覆钵。再上是相轮十三重和铜制刹顶。上部的仿木砖雕壶门内浮雕舞乐伎，刻工精细，栩栩如生，是研究辽代音乐舞蹈的重要例证。此塔下部为密檐塔型，上部砌作覆钵式，是中国辽塔造型奇特之一例。

辽代重修的独乐寺佛像与白塔的雕刻，都有显著的契丹文化印记。特别是白塔的细部雕刻，更揭示了当时胡汉舞蹈音乐并存的现实。白塔塔身二层四周八个平面有24组砖雕壶门，刻工精秀，姿态逼真，每个壶门里均有身着胡汉不同服饰的舞蹈人物。

24组壶门雕刻中间部分均为高髻长裙、身披彩帛、胸前饰以璎珞的乐舞者，他们或捧笙或抚琴，或吹笛或击鼓，或弹琵琶或手捧大镲或，手挥长绸翩然而舞。更有发髻高耸的两位女子，扬臂侧腰，踏步下蹲（恰似今日"卧鱼"），双人对舞，舞姿优美。

壶门两侧雕刻的是俗家装扮的胡、汉百姓。汉族百姓身着左衽长袍，头箍布巾或戴尖顶草帽。胡人则一律头戴卷边毡帽，着前开襟袍褂，足蹬长靴。他们有的吹笛，有的弹琴，有的拍板，有的击鼓、有的挥袖舞绸（像今日的"秧歌"）。更有一人肩扛两弦琴，左手托弦柱，右手举臂垂腕勾弦，左脚放在弯曲的右腿膝盖上（形似"反弹琵琶伎乐天"造型）。无论是舞蹈者还是奏乐者，均表达出一种手舞足蹈的欢乐情绪。虽为雕像，但画面中舞者无一呆板静止，而是灵动鲜活，给人以自由、奔放的感觉。雕刻刀法的力度、动势，均体现出凝练和雄浑的特征。

两层雕像刚柔相间、虚实相照的边饰，像是长长的乐谱，时而高亢嘹亮，时而委婉动听，抑扬顿挫，此起彼伏。游牧民族舞蹈的动感风格和汉族舞蹈的稳重风格相得益彰，让粗犷的石雕有了明显的乐感。加之供养人手托果盘、鲜花的画面，共同构成一幅庄严而又欢快的礼佛场景。

在白塔前方有一座八面柱体石经幢，每面也刻有乐舞者的人物造像。其中正西和正北为舞者，正东为吹笛者，正南为抚琴者，西南为吹排箫者，其余风化严重，图像辨认不清。但砖石雕刻的乐舞人物说明，汉族舞蹈中的农耕秧歌与契丹的舞风同现一处，说明两种文化虽然共处，但也还保留着各自的文化特点，真是"姹紫嫣红"才最美。

独乐寺，长城之下的辽代瑰宝

京畿之东，蓟州城内，有一座凝固了千年历史的不朽阁楼——独乐寺。

始于755年12月16日的"安史之乱"，是唐朝由盛转衰的至暗时刻。安禄山在范阳起兵叛唐，曾在独乐寺前誓师。关于"安史之乱"的前因后果，史家早有定论。唐代的蓟州渔阳县当时为安禄山叛唐的策源地之一，驻扎着安禄山两支精锐部队，共有士兵1.6万人，马匹500匹。《资治通鉴》记载："静塞军在蓟州城内，兵万六千人。"《旧唐书·地理志》等也有明确记载。唐天宝六年

（747），安禄山在渔阳县境内的今黄崖关长城一带修筑了一座屯兵据谷的雄武城，"峙兵积谷，外示御寇，内贮兵器，积谷为保守之计，战马万五千匹，牛羊称是。"他的雄武军就驻扎于此。

在唐人诗中，多把渔阳与安禄山穷兵黩武和叛乱反唐联系在一起，这也成为独乐寺名称来由一说，安禄山"盖思独乐而不与民同乐也"。渔阳是安禄山统治的腹地，《蓟县志》记载："广福寺在县署后，相传为安禄山府改造"。早年石碑记载，安禄山住在广福寺，经常到独乐寺拜佛。杜甫《渔阳》诗云："渔阳突骑犹精锐，赫赫雍王都节制。猛将翻然恐后时，本朝不入非高计。禄山北筑雄武城，旧防败走归其营。系书请问燕耆旧，今日何须十万兵。"白居易在《长恨歌》中说，"渔阳鼙鼓动地来，惊破霓裳羽衣曲"，道出了渔阳安禄山叛军的强大和唐玄宗沉溺酒色与昏庸腐朽。

时间流转了一千多年后，1930年，一个对中国古建筑情有独钟，曾五次来中国考察古建，出版过《中国建筑图集》，名叫关野贞的日本建筑史家、东京大学教授，在驱车前往清东陵路过蓟县县城时，透过车窗看到一座气势轩昂的古建筑山门令他震撼不已，下车细看认为是辽代建筑，仓促间只匆匆拍下一张照片便赶往清东陵。

第二年，北京鼓楼举办了一个古建图片展览，梁思成的好友、基泰工程司建筑师杨廷宝观展时，看到鼓楼一楼的一面墙上挂着一幅大照片，图片说明为"蓟县独乐寺"，摄影者正是关野贞。杨廷宝即向梁思成通报此事，梁思成立即去鼓楼观看。照片中的巨大斗拱，正是他昼思夜想的大唐建筑。

1932年的春天，梁思成到独乐寺考察的计划终于成行。他备妥野外考察仪器，与弟弟梁思达、营造学社的同仁一起乘长途汽车前往蓟县，对独乐寺观音阁进行了详细的测绘。他们登顶攀檐，记下各构件的特征，丈量每个斗拱的尺寸，绘制了外形与内部结构的全套图纸，在拍摄大量照片后，还走访了当地知情的老人。

依据调查测绘的资料，梁思成在林徽因协助下，撰写了《蓟县独乐寺观音阁山门考》，载于《中国营造学社汇刊》第三卷第二期"独乐寺专号"。该文共4000多字，全面介绍了独乐寺，并提出应如何保护的问题。"独乐寺上承唐代遗风，下启宋式营造，实研究中国建筑蜕变之重要资料，罕有之宝物也。"他认为"寺之创立，至迟亦在唐初""观音阁及山门，皆辽圣宗统和二年重建，去今（民国二十一年）已有948年，盖我国木建筑中已发现之最古者"。

"观音阁及山门最大之特征，而在形制上最重要之点，则为其与敦煌壁画中所见唐代建筑之相似也。壁画所见殿阁，或单层或重层，檐出如翼，斗拱雄大。而阁及门所呈现象，与清式建筑固迥然不同，与宋式亦大异，而与唐式则极相似。熟悉敦煌壁画中净土图者，若骤见此阁，必疑身之已入西方极乐世界矣。"

梁思成先生疾呼，独乐寺"实为无上国宝"，但过去"中国则无人知其价值"。"门窗已无，顶盖已漏"，"若不早修葺，则数十年后乃至数年后，阁门皆将倾圮，此千年国宝，行将与建章阿房，同其运命，而成史上陈迹"。"首先须引起社会注意，使知建筑在文化上之价值，使知阁门在中国文化史上及中国建筑史上价值，是为保护之治本办法……"

独乐寺始建于辽圣宗统和二年(984)，是我国现存八大辽构中年代最早的一处，最具艺术和审美价值的是集中于山门与观音殿两座辽代建筑。山门面阔三间，进深二间，其上悬"独乐寺"匾额，一说为明代宰相严嵩所书。山门出檐深缓，尤为珍贵的是正脊两端的鸱吻，鱼尾翅转向内，是珍贵的辽代原物，也是罕见的早期鸱吻实例。鸱吻是中国木建筑顶部正脊两端的结构，一般被设计为古代神话中的一种龙形吞脊的神兽，

下图　独乐寺作为辽代寺院，建筑风格独特，布局严谨，结构坚固，是中国古代建筑艺术的杰出代表之一。寺院内的建筑和雕刻都充满了浓厚的宗教色彩和历史感，让人感受到了中国传统文化的博大精深。除了建筑和艺术价值，独乐寺还承载着丰富的文化内涵。在宋代，独乐寺曾是北方佛教的中心之一，被誉为"北方的佛教文化重镇"。而在明清时期，独乐寺则成为当地官府的祈雨场所，历史上的多次祈雨活动也为这座古寺增添了不少神秘色彩。

54

因为其喜欢吞火，所以有防火避灾的寓意。山门内有两尊辽代彩色泥塑金刚力士像，与建筑结构一同组成了这座原真性极高的辽代山门。

面阔五间、进深四间的观音阁是目前国内现存最古老的木结构楼阁建筑，高悬的"观音之阁"匾额被部分学者认为出自唐代大诗人李白笔下。观音阁的 28 根立柱，做里外两圈升起，用梁桁斗拱联结成一个整体，赋予建筑巨大的抗震能力。各式斗拱繁简各异，共计 24 种 152 朵，使建筑既庄严凝重，又挺拔轩昂。三层楼阁，中间做成暗层，省去一层瓦檐，避免了拥簇之感，暗层处里外修回转平台，供人礼佛和凭栏远眺。

殿内伫立的 11 面观音立像是辽代作品，高达 16 米，是中国现存最高的彩色泥塑，直入顶层覆斗形的八角藻井之中。观音像立于须弥宝座之上，面容丰润、慈祥，两肩下垂，躯干微微前倾，仪态端庄，似动非动，是当之无愧的国之重宝，也是阁内不二的视觉中心。造像保留着浓郁的唐代风格，身体前倾，呈现出一种微妙的动感。观音像的两侧为辽代所塑的胁侍菩萨。楼阁与造像相互结合，形成一种天宫环绕的神圣气氛，楼阁延伸天际，造像高耸低眉，传达出佛教信仰中特有的悲悯情怀，给人一种摄人心魄的威力。

在被人重新发现之后的几十年内，独乐寺始终以精湛的建筑与造像著称于世。直到 1972 年又一次维修时，在大殿四壁的墙皮中首次露出元代壁画，使这处古建又增添了一个瑰宝。重新发现的壁画达到 142 平方米，以十六罗汉和明王为主题。大殿内的壁画层层叠压，外层的壁画往往是在里层的壁画上刷一层白粉后再重新勾描的，内容、结构大致相同，仅在局部或细节稍有改动。十六罗汉是始于北凉的佛教题材，至宋代时才演变为我们熟悉的十八罗汉，但十六罗汉的题材在当时仍有受众，这些绘制于元代的壁画即例证。这些壁画经过历朝历代的多次重绘修改，其上鱼鳞状的海水波纹常见于明代的瓷器图案或绘画作品中，可见明代时也有重绘。

修建于唐朝的独乐寺，历经一千一百多年的历史，曾饱受战乱和特大地震的摧残，但至今仍安然无恙实为一大奇迹。正如梁思成先生所说："在蓟民心中，实为无尚圣地。"金秋时节，当我重新伫立于出檐翼翼的山门之前，仿佛听到了那颗辽代之心跳动的声音。观音阁前有一株好似盘龙的古紫藤，想象着待来年春暖花开之时，古寺在紫藤花的掩映下必将是另一番好风光。

左图　当观光者迈入殿阁中时，都会被这尊巨大的观音塑像深深地震撼。阁内正中须弥坛上，一尊巨大的观音立像从坛上拔地而起，穿越三层楼阁，直达阁顶，呈顶天立地之势。观音像高达 16 米，头部已抵三楼，其冠上还叠加着十尊佛头，俗称"十一面观音"。观音像身姿优美，神情端庄，据考应与观音阁同时所立，至今已逾千年，为我国最古老、最高大的彩绘泥塑佛像。

见证东西方文明碰撞交融的峥嵘岁月

006

海河畔的历史地标

天津市·海上丝路

　　每座城市都有它的历史性地标建筑，那天津的历史地标性建筑是哪一座呢？天津是我的四大直辖市之一，地处中国北部、海河下游，东临渤海，是中国北方最大的港口城市，也是海河五大支流南运河、子牙河、大清河、永定河、北运河的汇合处和入海口，素有"九河下梢""河海要冲"之称。今天的天津又是海上丝绸之路的战略支点、"一带一路"交汇点、亚欧大陆桥最近的东部起点。

　　天津还是中国唯一一个在史料中可以查到确切建立时间的城市，这要从明朝建卫开始算起。这个时间点是明朝永乐二年十一月二十一日（1404 年 12 月 23 日），至今约有六百多年的传奇历史。

望海楼教堂，见证天津百年荣辱

作为在中国近代史上具有重要地位的城市，天津留给了我们许多值得驻足的历史人文地标。无论是城中的五大道、天津劝业场、解放桥、古文化街、南开大学主楼、天津站，还是近郊蓟州的明长城、盘山和独乐寺，都告诉世人天津是一个历史底蕴浓厚的城市。在天津众多历史地标建筑中，位于海河东岸狮子林的望海楼教堂便是其中之一。

望海楼教堂的始建年代，与清末1858年《天津条约》签订有关。在那个时代，西方列强纷纷在天津设立租界（共九个租界），外国传教士也开始在天津各地传教，从此天津出现了许多著名的天主教堂，而望海楼天主教堂正是这一时期的产物。

最早的望海楼教堂位于海河干流起点，北运河和南运河交汇的三岔河口（今狮子林桥头）。《天津卫志》记载："三岔河在津城东北，潞、卫二水会流。潞水清，卫水浊，汇流东注于海。"这里提到的潞、卫二水，就是指南运河和北运河，两河在此汇入海河。因为漕运，这里曾经非常喧闹，形成了天津最早的居民点、最早的水旱码头、最早的商品集散地。

后来，京城的乾隆皇帝也跟着凑热闹，于1773年在这里修建了行宫，行宫共三层楼阁，大小房间一百多间。当然，这座行宫皇上没怎么掏腰包，而是由盐商集资修建。乾隆帝曾多次来这里登楼远眺，水天一色，如

上图　望海楼教堂是天津市历史建筑中规模较大、保存较为完整的建筑之一。虽历经沧桑，但仍旧保持着原有的建筑风格。教堂平面布置呈长方形，砖木结构，青砖墙体，木屋架，轻屋盖，支柱较细，结构简单。室内装饰宗教气势比较浓厚。具有很高的历史文化价值。望海楼教堂也是天津人民反抗外来侵略、维护民族尊严的历史丰碑，它见证了天津近代百年文化开放、包容和先进的特质，深富教育意义和现实意义。

同观海一般。乾隆一高兴，便题字赐名"望海楼"。后来这里逐渐增添了许多建筑，如崇禧观、望海寺等庙宇。

《天津条约》签署后的 1862 年，来自法国的天主教神父卫儒梅，获得了三岔河口北岸望海楼旧址及其西侧崇禧观 15 亩土地。1866 年，法国神父谢福音来天津传教。三年后，在他的主持下建成天津第一座天主教堂 —— 圣母得胜堂，作为法国天主教天津教区总堂，这就是今天望海楼教堂的前身。但最初几年，圣母得胜堂只能隐蔽在东门附近的深宅大院中，并在其中开办了仁慈堂养病院。

当年的望海楼教堂是一座哥特式建筑，整座教堂坐北朝南，为青砖木结构，正面有

① ② 每当夜幕降临，西开教堂灯光璀璨，教堂的绿色圆顶，在灯光的照耀下熠熠生辉，营造出浪漫的氛围，吸引了无数游客驻足打卡。站在教堂前，感受夜晚静谧而又璀璨的美景，仿佛被时间穿越，沉浸在历史的长河中。

三座塔楼。两侧塔楼顶部各镶有八个兽头，下雨时雨水能从兽头口中涌出。教堂内部并列两排大约有 40 多个石柱，支撑拱形大顶。窗户是由五彩玻璃组成的几何图案构成，整座建筑屋顶和墙壁都有彩绘。内部地面铺满了黑白相间的花砖，显得华丽而庄严。

这座望海楼教堂命运多舛，先后在 1870 年和 1900 年被焚毁。"天津教案"发生在 1870 年 6 月 21 日，因怀疑教会拐骗、残害收养的中国儿童，望海楼被愤怒的群众烧毁，这就是"火烧望海楼"。1897 年，望海楼天主堂在空置了 20 多年之后被重建起来。1900 年夏，义和团在天津兴起，教堂再次被烧毁。

1904 年，望海楼教堂第三次重建落成。建筑依照原样，正面和一般哥特式教堂建筑不太一样，有三个塔楼，中间的塔楼最高。而一般的哥特式建筑，如巴黎圣母院只有两个塔楼。塔楼上有用彩色玻璃拼出图形的大窗。1912 年，天主教天津教区成立，主教座堂最初就设在望海楼天主堂。1913 年开工建造西开教堂，1916 年建成以后主教座堂迁到那里。

1901 年至 1923 年期间，海河曾六次裁弯取直，导致海河成直流河道，马蹄形地块与海河以东广大地域连成一片。海河绕过了教堂，教堂就"搬"到了海河的另一侧。

海河滔滔，岁月悠悠，望海楼教堂见证了东西方文明碰撞融汇的峥嵘岁月。1976 年，望海楼教堂在大地震中受损严重。1983

年，天津市人民政府拨款重新修缮了教堂。令人欣慰的是，尽管历经沧桑，但教堂的基本形象始终保持如一。

西开教堂，璀璨夜色下的欧陆风情

在天津繁华的滨江道商业街上，有一座风格独具的罗马式建筑，它在周边林立的高楼大厦中鹤立鸡群，在城市的喧嚣中保持了一份难得的宁静。清晨日暮，悠扬旷远的钟声弥漫在整个街道，这就是位列中国最美十大教堂之一的西开教堂。

如今的西开教堂，在天津受到文保单位的特殊保护。这座天津最大的罗马式建筑，凝聚了天津人民的爱恨情仇，也见证了天津百年的历史沧桑。

西开教堂全称"天主教西开总堂"，初叫"圣味增爵堂"，后易名为"圣若瑟堂"，俗称"法国教堂"，又称"老西开教堂"，是天主教天津教区主教座堂。西开教堂坐落于天津和平区西宁道9号（原墙子河外老西开一带），即现在的西宁道营口道交口旁。

1860年12月，英国向清政府要求划定租界的同时，法国也在英租界以北地区圈占了360亩土地作为法租界。法国公使为进一步取得法律根据，于咸丰十一年四月二十四日（1861年6月2日）与三口通商大臣崇厚签订了《天津紫竹林法国租地条款》。1900年八国联军侵入天津后，法租界经过扩张，占地总面积达2360亩。法租界东至海河，西至今新兴路，南至今营口道，北至今锦州道、四平西道。

老西开天主教堂于1916年竣工，为拜占庭建筑风格。教堂坐西南，面东北，堂身

建筑面积近两千平方米。它是古西亚的砖石拱券，古罗马的古典柱式和古罗马的宏大规模的综合体。用彩色云石玻璃砖镶嵌和彩色面砖装饰建筑也是其一大特色。教堂平面呈长十字形，三通廊，入口左右有塔楼，上具穹隆顶，内部拱道交叉处顶上亦建穹隆，外墙处理用半圆叠拱窗及檐下连续法券等。

1916 年 10 月和 11 月，天津人民掀起反对法国侵略者强占老西开的斗争。当年的老西开地区是今天和平区贵阳路一带，俗

称海光寺洼地，正与法租界毗连。法国是在天津强占租界最早的国家之一。八国联军侵入天津后，法国又任意扩大租界，企图在扩大时把老西开容并进去。为此，在 1903 年和 1913 年，法国侵略者曾两次借各种荒谬理由提出要求，均遭地方当局拒绝。1916 年春，法国驻华公使又向北京政府提出无理要求，驻津法国领事借机擅自在老西开插立标记，划入租界，引起天津人民特别是老西开一带人民的公愤，他们拔了木牌。同年 10 月，法国侵略者捣毁老西开地区的警署，派巡捕强行拘禁老西开地区的天津警察，悍然用武力宣告对老西开地区的占领。

天津人民绝不忍受这种强暴行径，举行各种反抗活动。10 月 25 日，有 8000 人在南市大舞台召开天津公民大会，与法国断绝贸

下图　天津，这座历史悠久的海滨城市，见证了中国近现代的变迁。这里不仅是工商业的中心，更是一座充满文化底蕴的城市。西开教堂，与天津众多的历史建筑一样，作为历史的见证者，见证了中西方文化的交流碰撞，也见证了天津城市的近代化进程。

易、不用法国银行纸币、不准招募华工等决议。从10月26日起，由法国工部局出资、天主教圣文学会主办的、校址正处在老西开界内的法汉学校，其广大学生带头罢课、教师罢教，进行集会抗议。

自此，在法租界内的商店、住户相继迁出。1916年11月12日，法租界内的中国工人罢工，反法斗争引向深入。到当年11月底，罢工人数增加到1800余人。当时法租界内发电厂不发电，粪便无人清理，使之陷于困境。老西开工人的斗争，在全市人民和全国人民的声援下坚持近半年。英国驻华公使出面调停，提出老西开由中法当局共管。北洋政府生怕人民不满，未敢正面允诺。此后，法国侵略者不敢再公开染指老西开地区。

天津人民反对法国侵略者强占老西开的斗争，特别是天津工人的罢工斗争，显示了中国无产阶级的政治觉悟和斗争精神，这是中国共产党成立以前中国工人阶级的一次自发的政治斗争，在中国工运史上留下了辉煌的一页。

从建筑艺术上看，西开教堂属欧洲罗马式造型，大堂可同时容纳1500人，正面和后部耸立高大塔楼三座，平面呈拉丁"十"字形构图。三座高达45米的巨型圆顶错落有致，排列成"品"字形，每座穹顶上有一个青铜十字架，均略向上拉长，表面以绿色铜板覆盖。巨型圆顶为木结构支撑，中殿以叠式复合方柱廊，支撑大小半圆券顶。中央高大的穹隆顶，通过八角形鼓座与支撑拱架券顶。

教堂的建筑主体楼座采用红色、黄色花砖砌造，上砌翠绿色圆肚形尖顶，檐下为半圆形拱窗。坚固的墩柱，拱形的穹顶，使教堂显得雄浑而庄重。教堂正大门前有四个洁白的雕塑，惟妙惟肖。前面院中有圣水坛，有左右两道大门，信徒分男女从不同的门入内。

教堂的结构是带厢堂长殿式，教堂横殿和长方形教堂相交构成十字连拱廊。大门采用拱门形式，通常用石头做材料，在石门上凿出一个拱券，一个套一个拱券由表入里，一个比一个小，最里层是木制大门。

西开教堂分为天主教总堂和大教堂两个部分，堂内为三通廊式。从正厅正门两侧到底部的祭台，有两排（每排7根）共14根立柱，形成三通廊式。中殿以叠式复合方柱廊，支撑大小半圆券顶。中央高大的穹隆顶，通过八角形鼓座与支撑拱架券顶廊柱相连。八角形的穹隆顶及侧窗均以彩色玻璃嵌作圣经故事的彩画。内墙彩绘壁画，装饰华丽，充满宗教神秘气息和浓郁艺术气息。

夜色中，西开教堂被璀璨的灯光衬托着美轮美奂。教堂每日早晨有弥撒活动，逢周日及天主教节日全天有多场祭礼，四大节庆期间常有大规模的瞻礼活动，尤其圣诞节期间，周边地区会采取临时性交通管制。今天的老西开教堂周边，是天津市民休闲娱乐的地方，也是天津旅游的重要打卡地之一。

铸牢中华民族共同体

007

察隅河谷的神秘部落

西藏林芝察隅县·西南丝路

在奔小康的致富路上，中华大家庭56个民族一个都不能少，当然也包括这个西藏地区人口最少的少数民族族群——僜人部落。在举国欢庆中国共产党建党100周年的日子里，位于西藏察隅县西部和中国藏南地区东部的下察隅沙琼村僜人部落，以一场独特的民族歌舞表达过上美好生活的喜悦之情，歌颂党的恩情。

西藏的"温柔江南"

青藏高原与横断山区过渡地带的高山峡谷之间，察隅河是一条滔滔大河。与然乌湖同源的大河有条西支，名叫贡日嘎布曲（又名额曲）。在我国境内人口仅1450余人，至今无以名之，没有族称，不属于任何一个民族的民族——"僜人"部落达让和格曼，就生活在贡日嘎布曲，以及与其干流汇合后的下察隅一带。这是紧邻印度和缅甸的南端河谷地带，也是这块风水宝地中自然条件最好的地方。

我虽然几乎走遍了西藏所有的市县，但还是被有"西藏江南"美誉的察隅震撼到了。从青海玉树囊谦一路往南翻山越岭经西藏昌都，然后逶迤南行，经类乌齐、然乌、来古过高达5300米的德姆拉山南下察隅，一

南部伯舒拉岭地带，东邻云南，西接墨脱，北靠波密和昌都，南连印度和缅甸。该地属喜马拉雅山脉和横断山脉过渡地带的高山峡谷区，地势起伏很大，谷地最低处海拔只有 1400 米，5000 米以上山峰却有 10 多座。从印度洋吹拂而来的暖湿气流涌入这里的河谷，形成温暖多雨的亚热带湿润气候区，甚至有棕榈生长。

　　察隅县总人口约为 3 万人，由藏、汉、纳西、独龙、苗、回、珞巴、傈僳等 9 个民族和僜人组成。察隅是西藏重要边境县之一，边界线总长 588.64 千米，占全区边境线的八分之一还多，其中中印边界为 401 千米，中缅边界 187.64 千米。1962 年著名的中印自卫反击战瓦弄战役就发生在这里。

僜巴兄弟走出了大山

　　僜人，俗称"僜巴人"，主要分布于察隅县西部和中国藏南地区东部，是西藏地区人口最少的少数民族族群。现在加上藏南印控区的僜人，总计有 5 万多人。居住在察隅的僜人共有 1300 多人。他们有自己的语言，但没有文字，实行一夫多妻制。由于人口极少等原因，僜人至今未确认民族的归属，尚未

　　路上雪峰连绵，草甸成片，林木稀疏，苍凉冷落，同时也饱受高海干燥寒冷之苦。

　　当陡然下降到平均海拔为 2300 米的察隅县境内时，所有的一切让我好像感觉回到了 5000 千米之外的家乡——江南。当绿得发蓝的桑曲河水开始奔流在公路边的峡谷中，山坡上的植被从针叶林，也梯次变成混交林、阔叶林和蕨类植物。路边大片大片的芭蕉林正值成熟挂果时节，沉甸甸的果实让人垂涎欲滴。原先干燥的皮肤好像也突然吸收到油然袭来的湿意，顺滑得犹如"跌入温柔乡"。

　　察隅县地处西藏东南边陲，地处西藏东

列入中国 56 个民族中。

以前，绝大多数僜人居住在深山老林，过着刀耕火种非常原始的生活。房屋以树枝、树叶、干草、兽皮等搭建，十分简陋。生产工具也非常落后，主要有刀、箭、镖、木棍等。僜人农业实行刀耕火种，粮食产量低，一年中有半年以上时间靠采集野菜、野果和套猎吃生肉为生。由于生活水平极低，僜人的身材一般都比较矮小。昔日僜人备

受歧视，被蔑称为"猴子""野人"，有人把僜人称为"米什米人"，意思就是"不开化的人"。

1959 年以来，僜人在各个方面都发生了翻天覆地的变化。在党和政府的关怀下，在当地藏族群众和驻军的大力无偿帮助下，僜人走出了深山老林，迁居到河谷台地，建立起新的家，开始了现代人类的生活，买卖婚姻、吸食鸦片的陈规陋习已经绝迹。民族隔阂和民族歧视业已消除，西藏各族人民群众都把僜人作为平等的民族来对待，男女都直接参加生产劳动，实现了和谐平等。僜人学龄儿童全部入了学，如今还有数十人成长为国家干部，二十余人走上了县、区一级的领导岗位。

1994 年 7 月中央第三次西藏工作座谈会后，党和各级政府加大了对僜人的扶持力度，帮助他们修建住房，开垦农田，兴修水利，购买农业机械，使他们生产生活都发生了质的变化。如今僜人主要以农业为主，农作物有水稻、玉米、高粱、大豆、绿豆、红薯、甘蔗、西瓜等。在各级党委和政府的帮助下，21 世纪初僜人大多已摆脱贫困，过上了温饱有余的小康生活，僜巴兄弟过去那种原始的非人生活一去不复返了。

② ① ① ② 西藏民主改革前，绝大多数僜人居住在深山老林，过着刀耕火种的原始社会生活。西藏民主改革后，在党和政府的帮助下，僜人的社会地位和生活环境发生了翻天覆地的变化。如今，僜人家家户户住在绿树掩映的木楼里，人人安居乐业，日子越过越好。

察隅河谷的"别墅群"

春夏之交，沿察隅河谷逆流北上的孟加拉湾暖湿气流，正为这里带来一场场新的降

水。山野葱茏间，蓝色塑钢瓦板覆盖的木楼鳞次栉比。用石块垒筑的院落内，玉米、黄豆和鸡爪谷，都已临近收获的时节。午后的村寨非常寂静，除了自在踱步的巴麦牛未见人影。

我独自一个在村中徘徊，"僜人别墅"绿树掩映，远处梯田层叠，一幅安闲的世外桃源景象。党和政府出资为僜人建盖了新房，帮助他们从深山老林迁出来，逐渐地，"僜人"学会了种植旱稻、水稻、青稞、山芋和油菜等作物，饲养猪、鸡等家畜，收入不断提高，日子越过越好。

敲开一户僜人的大门，热情的村民飘龙松放下手头的活计，将我领进他前些年刚刚落成的新屋。新房依然呈"干栏式长屋"模样，却不再有过去"哈嘎"（客房）和"怹"（内室）的区分。穿过长廊后进到内室，左手是飘龙松和妻子的卧房，右手是四个孩子的房间，中间一间为客厅。透过客厅向南木壁上的小窗，一眼就能看见村寨背后的夏尼沟。

主人告诉我，如今僜人的生产生活在短短几十年间发生了巨大变化：僜人新村通往外界的道路早已硬化，居住环境也不断改善，收入也越来越高。安居工程建设让村里的民房完成了改造。人居环境整治和庭院改造项目让家家户户喝上了干净的自来水、用上了太阳能照明灯。边境小康村建设更是让他们住上了小楼房。"如今条件这么好，僜人孩子们的教育水平也不断提升，现在我们

每年都有考上高中、大学的学生。"

主人盛情邀请我品尝抓饭，这是僜人每逢节庆或招待客人的传统美食。其用料是僜人自产的谷米，和上切碎的鸡或其他肉类内脏，辅以姜、葱等作料焖熟，用手捏成团盛在盘子里，再配上几块香喷喷的土鸡块或肉，就做成了风味独特的僜人手抓饭。最独特的是他们炮制土鸡的方法。僜人宰鸡褪毛的时候不是用开水烫，而是先用手拔，再用火燎，这显然是一种原始方法的沿用。经过这种处理方法烹制出来的鸡块香味奇特，使抓饭带有一种返璞归真的野炊风味。

夜色悄然降临，田里传来阵阵蛐蛐儿的叫声，湿润的空气里散发着泥土的芳香，细雨敲打着木楼顶。翌日清晨，雨过天晴，满眼苍翠如洗，山间云蒸霞蔚，犹如仙境。墨绿色的原始森林在云雾中若隐若现，远远望去，宛如一幅幅美丽的山水画。"僜族"人就在这依山傍水的边寨里繁衍生息，幸福生活。

中国与不丹跨越喜马拉雅的千年商贸大通道

008

喜马拉雅腹地"千碉之国"

西藏山南洛扎县·西南丝路

我国西藏山南洛扎县藏语意为"南方大悬崖"，南与不丹王国接壤，边防线长达200多千米，为西藏自治区的区边境县之一。在中国和不丹边境一线上，共有18条通道，其中洛扎县就占有8条。和西藏其他边境地区一样，历史上，这些民间贸易通道一直发挥着商贸、人文交流的重要作用。如山南帕里镇与不丹交界、海拔近4900米的则姆拉山口，是中不两国间规模较大的边境贸易通道，已有上千年的"茶马古道"历史。尽管两国间没有正式建交，但中国商品在不丹深受欢迎。事实上，中国蓬勃而富有活力的经贸市场对任何一个南亚国家来说都具有难以抗拒的吸引力。跨越喜马拉雅，一个光明的中不关系前景和合作共赢"一带一路"的未来值得期待。

四川大山金川流域是享誉世界的"千碉之国"，殊不知在西藏山南喜马拉雅山腹地也隐藏着一个"千碉之国"，它就是洛扎。独守山野，据壁守望，穿越千年风雨，见证流逝岁月，它没有被光阴荏苒化为历史的尘埃，荒废却不颓废地依旧挺立于天地之间。

殊圣之地秘境洛扎

山南作为藏民族发祥地和藏文化的摇篮，在西藏文明进程中占有特殊的地位。神猴与罗刹女结合繁衍高原人类的神话故事，就发生在泽当贡布日神山上的猴子洞中。山南有西藏历史上最早的宫殿雍布拉康，西藏的第一座佛、法、僧三宝俱全的寺院桑耶寺，

等等。

雄韬伟略的一代藏王松赞干布，最初也是在山南建立都城，统一全藏，建立了强大的吐蕃王朝，后来才迁都拉萨……这样一处有着深厚历史和文化背景的地方，在这些西藏历史上诸多"第一"的背后，肯定还隐藏着更多不为人知的神秘殊圣之地。

山南之南部有这样一条大峡谷——洛扎大峡谷，深深地切入喜马拉雅山脉体量庞大的山体之中，成为我国西藏地区与不丹的重要通道，其巨大高差所带来的视觉震撼，唯有亲临其境方能体验。

这条神秘的大峡谷到底隐匿着多少座碉楼呢？从浪卡子到洛扎，再从洛扎到措美，一路上，在沿途的村庄、河谷两岸、山头、崖间，均可看到一座座耸立的碉楼，特别是边巴乡麦秀和色乡曲许保留的碉楼数量众多且密集，每一处碉楼的断壁残垣，仿佛都有说不完的故事在等着你去倾听。

相对于碉楼而言，那些镌刻于山崖峭壁上的古藏文摩崖石刻也许更多传递洛扎神秘的信息。在吉堆堆的乌穷村右侧悬崖上和雄曲河与门当河汇流处的石壁上，均刻有象征苯教的万字符号，这说明吐蕃时期，苯教在佛教势力占优的情况下并没有销声匿迹。

右图　　洛扎县隶属西藏自治区山南地区，藏语意为"南方大悬崖"，地处西藏自治区南部、喜马拉雅南麓，为西藏自治区的区边境县之一。全县中部就是大峡谷洛扎沟，南部与不丹王国接壤，边防线长约200公里。

西藏现存十余方吐蕃碑刻中，刻有万字符号的有《工布第穆萨摩崖石刻》和墨竹工卡《谐拉康盟誓碑》，它们都是属于赤德松赞（798—815）时期的碑刻。从苍古的字体和朴实的文风看来，洛扎两处摩崖石刻大概也是属于这个时期。

触摸真实，仰望苍穹

据洛扎最新文物普查结果显示，这些令人惊奇的古雕楼群，大大小小共有540多处，从吐蕃时期到帕竹时期的建筑都有，分别代表着古代西藏各时期的不同建筑风格和文化特征。

洛扎各乡镇均布有各种碉楼，特别是门当、曲西、桑玉、门切、边巴等地古碉楼群密集且保存较完整。这些碉楼有的建在路边，有的屹立于悬崖峭壁之上。山南地区建筑风格的最大亮点就是以碉楼为主，在色乡的赛卡古托寺等就可见一斑了。但像边巴乡等分布这么密集还是出乎我的意料之外。

这些碉楼建筑结构独特雄壮，通高数十米，楼体皆用石料砌成，形状呈正方形，最底层正面有一小门，进出口小门到顶端有直通的凹槽形，顶端有击石孔穴。每层有木梯可供上下，每层四面有三角形小窗口，楼内备有柴、粮，最底层还修有一眼泉水，可供吃喝住，并备有石头，遇战争或盗贼时人员可藏入楼内，从击石孔穴中扔石头，易守难攻。碉楼比较有名的有门当罗觉温波、仲温波、岭温波和边巴的杰顿珠宗、古碉楼群及色乡曲西的碉楼和县城的朵宗遗址。

杰顿珠宗遗址坐落于边巴乡杰麦村西南侧悬崖上，距今有600多年的历史，海拔3300米，占地面积约1130平方米，东、南两面为悬崖峡谷，西面为陡坡，北面山势较为平缓。整个建筑略呈椭圆形，大门向外凸出，形成狭长通道，穿过通道可进入一间圆形的碉楼，碉楼西侧建有房屋十余间。主体建筑后有取水暗道，沿悬崖绝壁垂直下降长达60米。周围建有石墙，墙厚1米。历史上这里曾遭遇匪患，围困数月对其无可奈何。

朵宗遗址位于洛扎县城东南一个独立的山头平台上，建于帕竹王朝时期，当时属西藏十三个宗之一，也是执行帕竹王朝十五条法律的重要场地之一，海拔约4200米。整个建筑由石块垒砌而成，占地约4000平方米，围墙四面各建有一座碉楼，在最南端山嘴上还建有一座高达5层的半圆形碉楼，专门设有70余米深的地牢。据说里面有羊羔般大的蝎子，后来也是西藏噶厦政府流放犯人的重要场地之一。

建造这么多的古碉楼意欲何为？因为建筑年代不详，又缺乏文字记载，所以众说纷纭。有一个版本说清代准噶尔侵入西藏时，社会动荡不安，为防卫敌侵和防盗而修建碉楼；还有一个版本说，古时候有一种大鹏鸟，时常给百姓生产生活带来干扰，但这种大鸟不易捕杀，于是人们就建造这样的碉楼以便于防卫。

如今大部分碉楼都残破不堪，在日月风雨中飘摇。这里人烟绝迹，只有高原的疾风发出阵阵呜咽。走入其间，那小小的阁窗、曾经的独木梯依旧残存其中，碉体砖石的层叠仍然清晰可辨。身处其中，抬头仰望苍穹，刺眼的光束从碉楼顶部凹槽中直入我的双眼，使我瞬间头晕目眩，眼前雪白一片，思绪回到了这片苍穹之下那血雨腥风的年代。

赛卡古托寺：藏地最惊魂转经道

西藏寺院灿若星辰，数不胜数。但有两座寺庙比较特别，一座是昌都丁青的孜珠寺，这是一座古老的苯教寺庙，是"玄幻的天空之城"。另一座是山南洛扎的赛卡古托寺，以建有藏地最惊魂的转经道而闻名。山

①②据不完全统计，洛扎县境内共有540余座碉楼，从吐蕃时期到帕竹时期的建筑都有，分别代表着古代西藏各时期的不同建筑风格和文化。在洛扎，无论大小道路上、村子、山谷都可以看到一座座耸立的碉楼。远远望去，古碉楼精致质朴，走到碉楼之下，才能感受到经历过的风霜和战争的痕迹。

南是藏文化的发祥地，那些隐藏在喜马拉雅腹地的秘境，每一次听说我心底的渴望就加深一层，时刻盼望着能行走在那片梦幻般的土地上触摸它的脉络。

洛扎，这个藏匿于喜马拉雅山脉腹地的秘境，位于西藏山南与不丹边境的交界处，它除了具备山南特有的深厚文化背景之外，其山色之壮美也是其他藏地难望项背的。

赛卡古托寺又名"九层公子塔"，据说是 1080 年前后，由西藏噶举派著名佛学大师玛尔巴出资，命弟子米拉日巴修建的。米拉日巴是西藏芒域贡塘人，幼时父亲去世，叔父见他家无主事之人，便虐待其家人，并将其财产掠夺一空。成年后的米拉日巴发誓要铲除恶人，便外出学习巫术后回来报复，后渐生悔意，拜噶举派第一代宗师玛尔巴为师。玛尔巴为了消除米拉日巴的罪恶，便要求他修塔。

米拉日巴先后修过圆形、方形、三角形的塔，但每修到一半，上师就要求他拆毁，并且还要他把石头搬回原处。米拉日巴稍有懈怠，便拳脚相加。米拉日巴自知罪恶深重，对此毫无怨言。就这样反反复复地修，反反复复地拆，一眨眼就是 10 多年。最后，上师要他修一个四边形、高八层，另加一层宝顶的塔楼，承诺如修成了就不再拆毁。

米拉日巴修至七层时，其背后部严重溃烂，无法背石，只能抱着石头搬运。师母见状于心不忍，便送他一尊本尊神像，要他去跟大师兄俄曲多吉学法，剩下的两层上师安排其他人修建完成。

待米拉日巴学成回寺时，上师这才告诉他，要他修九层佛塔，是要他灰心九次，以清除他内心的恶业，以便不用苦修就获得解脱。但塔只修了七层，恶业未除尽，上师传给他精要的密法要其苦修。后来米拉日巴循入深山，经过刻苦修炼，成为噶举派有名的大师。

现在的赛卡古托寺是 16 世纪上半叶由七世嘎玛巴维修扩建的。五世达赖执政时噶厦政府规定对该寺每一绕迥进行一次维修。1944 年桑珠寺的活佛主持了该寺最后一次维修。现在塔楼高九层，由碎石砌成，四面开有小窗，各层之间有陡直的楼梯相通。顶楼外有极窄的回廊，转经人爬出塔外可绕塔行走。据说绕塔一周，可消除今生的恶业，转生时可免受地狱之苦。

第二天太阳刚从山峦上探出头来，高高的塔楼屹立在蓝天白云之下，庄严而神圣。在清晨悦耳的法号声中，我第一个登上塔楼顶层，体验了这处藏地最为惊险的转经道。色乡赛卡古托寺，这片藏于深山峡谷之中，远离人们视线的秘境，将永远驻留在我的记忆深处。

左图　山南市洛扎县赛卡古托寺，藏语意"为公子而建的九层城堡"，该寺修建于 1078 年，由藏传佛教中著名的米拉日巴大师用 6 年的时间独自建成。其外观如古碉，与著名的雍布拉康极为相似。寺内正中有九层高，达 28 米的碉楼，楼顶是金顶。该寺是白教的起源地，寺内保存着大量的珍贵文物和精美壁画。为全国重点文物保护单位。

这是一条中华各民族交融互惠的大通道，
这也是一条中西方交流互鉴的国际大通道

009

自由奔腾的怒吼之江

云南省怒江州·西南丝路

在中国地形版图上，有一片色彩最为斑斓的神奇地带，这就是地跨云南省丽江市、迪庆州和怒江州的三江并流地区。金沙江、澜沧江和怒江这三条发源于青藏高原的大江，在云南省境内自北向南并行奔流170多千米，形成了世界上"江水并流而不交汇"的奇特自然地理奇观，其波澜壮阔、震撼人心的宏大场面，早在2003年就被列入世界自然遗产。三江中的金沙江是长江上游，最终注入东海；澜沧江是湄公河上游，最终注入南海；怒江则是萨尔温江的上游，最终注入安达曼海。这三条大江，自古以来就是民族融合和国际大通道。

三江并流：世界自然奇观

清宣统三年（1911），一名来自英国的植物学家和地理学家金敦·沃德曾先后八次考察藏东南、滇西北、川西南等区域。其中，他于民国二年（1913）4月至翌年3月，在川、滇、藏接壤的横断山区，穿梭于金沙江、澜沧江和怒江的三江流域，对河流归属、水系发育和地质、地貌进行了考察，这一活动一直持续到1950年。

到了1985年，联合国教科文组织的一名官员从卫星扫描图片中发现了三江并流地理奇观。1993年，"三江并流"正式列入

中国申报世界遗产的预备清单。经过十年努力，2003年7月，三江并流终于被列入世界遗产目录。

在三江之中，只有怒江是目前中国唯一一条没有建造水电站的河流，这是一条不受束缚自由奔腾的国际河流。怒江作为中国西南地区的大河之一，又称潞江，上游藏语叫"那曲河"，发源于青藏高原的唐古拉山南麓的吉热拍格。它深入青藏高原内部，源流称纳金曲，南流入错那湖，过那曲县东流称那曲，与右岸支流姐曲汇合后称怒江。其后至西藏昌都附近转向南流，穿行于怒山和高黎贡山之间，几与澜沧江平行，经怒江傈僳族自治州、保山市和德宏傣族景颇族自治州，至云南省保山地区的张赛附近进入缅甸，流入缅甸后改称萨尔温江，萨尔温江向南流经掸邦高原，最后在毛淡棉附近注入印度洋的安达曼海。

怒江大峡谷是世界上最长、最神秘、最险峻和最原始的东方大峡谷。怒江从河源至入海口全长3240千米，中国部分2013千米，云南段长为650千米。怒江州，这个云南西部边陲的小城，因怒江贯穿全区而得名。怒江州纵贯滇西北，东界迪庆、丽江，东南邻大理自治州，北邻西藏自治区林芝，西边则直接与缅甸接壤。

怒江因江水深黑，我国最早的地理著作《禹贡》把它称为"黑水河"，云南省的怒族把怒江称为"阿怒日美"。"阿怒"是怒族人

①② 三江并流地区，是青藏高原发源的金沙江、澜沧江和怒江，在滇西北和藏东南之间形成的三江平行流动，而又互不交汇的地理景观。其位于我国西南横断山脉腹地，是地质学上的"三江褶皱带"。同时，在行政区划上属于滇川藏的交界区，是藏缅语族诸民族的生息繁衍之地。三江并流区也是我国藏彝走廊的核心部分，也是茶马古道的重要组成部分，该区域自古就是西南民族地区一个集族群、贸易、文化、宗教交流等为一体的重要通道。

的自称，"日美"汉译为江，含义为怒族人居住区域的江。

　　进入云南境内以后，怒江奔流在碧罗雪山与高黎贡山之间，西岸高黎贡山的峡谷高差达5000米，东岸碧罗雪山的峡谷高差达4000多米，平均高差3000多米，山谷幽深，危崖耸立，水流在谷底咆哮怒吼，故称"怒江"。怒江江面海拔在2000~800米之间，云南省泸水县以下为下游，河谷较为开阔，岭谷高差已降至500米左右，江面海拔在800米以下。

　　怒江大峡谷两岸山岭海拔均在3000米以上，4000米以上高峰有20余座，包括担当立卡山、碧罗雪山、高黎贡山、云岭山脉等，因落差大，水急滩高，有"一滩接一滩，一滩高十丈"的说法，十分壮观。两岸多危崖，又有"水无不怒古，山有欲飞峰"之称，怒江平均每年以1.6倍黄河的水量像骏马般地奔腾向南。怒江就这样昼夜不停地撞击出一条山高、谷深、奇峰秀岭的巨大峡谷。据权威资料显示，怒江大峡谷是仅次于雅鲁藏布江大峡谷及美国西南部长约460多千米、深达1830米的科罗拉多大峡谷的世界第三大峡谷。

怒江州境内从西到东依次分布着独龙江、怒江和澜沧江三大水系，以及177条一级支流，构成了川流不息的江河网。山险水急，箐谷幽深，沟壑纵横，严重阻碍了当地百姓的交通往来。为了解决过江、过河难的问题，怒江各民族一代又一代人接力传承着艰难的"探桥"之路。他们因地制宜，用竹、木、石、砖、铁等建筑材料，架设了溜索、藤篾桥、木桥、悬桥、石桥和铁索桥，沟通了堑、沟、溪、涧和江、河的阻隔。

新中国成立后，在国家的大力扶持下，怒江州先后建成了各种不同结构的索桥、板桥、廊桥等。从最原始的桥到当今现代化的桥同时并存，其类型之多，品种之全，怒江被誉为"桥梁博物馆"。如今，"三江"上建成138座各类跨江桥梁，另有655座公路桥梁，平均4.3千米就有一座桥。而且每年还在不断新增，故有"怒江无桥不成路"之说。

丙中洛：重丁天主教堂

我从西藏察瓦龙进入丙中洛的时候，是在一个炎炎夏日，除了依然咆哮如雷的怒江

① ② 图为怒江大峡谷。怒江傈僳族自治州，位于滇西北的一方神奇水土，是一个多民族团结奋进、守望相助的幸福之地。这里居住着傈僳族、独龙族、怒族、普米族、白族、汉族等22个民族，被誉为"东方大峡谷"、民族文化大观园，共同谱写民族团结进步壮丽篇章。同时，这里也是中外文化经济交流的大通道。

之外，桃花岛不见盛开的桃花，噶哇嘎普雪山也不见皑皑白雪。厚厚的云层之下，东边日出西边雨，偶尔天空中会挂起一道长长的彩虹，给我一阵意外的惊喜。

我有些不敢相信，在中国沿海地区如上海教堂多于寺院这并不令人意外，但在这处山高水急、地形险恶举世闻名的怒江大峡谷两岸的村庄、密林、山谷之间，竟然隐藏着大大小小645座天主和基督教堂。在云南和西藏交界的怒江地区，周边都是佛教兴盛之地，如此高密度的教堂建筑竟然出现在怒江大峡谷中，这实在是一个令人费解的疑团。

"人神共居的地方"，一直是丙中洛一个美丽而神秘的宣传推介语，高频次出现在滇藏公路两侧的巨幅广告牌和当地旅游宣传图册中。丙中洛不仅自然风光秀丽，而且

人文景观奇特。

怒江州是中国民族族别成分最多和中国人口较少、民族最多的自治州，这里居住着傈僳、白、怒、普米、独龙、彝、汉、纳西、藏、傣、回、景颇等22个民族。在云南8个人口较少的民族中，怒江就有4个（怒、普米、独龙和景颇族），独龙族、怒族是怒江州独有的少数民族。这里世代民风淳朴，正直善良，热情好客，有着"路不拾遗、夜不闭户"的美誉。

丙中洛是一个多种宗教并存且和谐相处的地方，这里的少数民族各自信仰着天主教、基督教、喇嘛教和当地的一些原始宗教，从而形成了在国内其他地区难得一见多元的人文景观。在丙中洛，除了藏族，其他民族多信仰天主教和基督教。所以怒江州教堂广布，而在丙中洛则是村村有教堂，成为这里一道独特的风景线。

车一进入丙中洛，很远就能看见重丁教堂高耸的尖顶上的乳白色十字架，突兀于一片低矮的民宅中。大路边有一条很陡的下坡

下图　图为丙中洛地标建筑——重丁教堂。在丙中洛镇，除汉族外，还有15个少数民族，其中独龙族、怒族、傈僳族、藏族占总人口的99%，是丙中洛镇的主体民族。除个别寨子是纯粹怒族外，绝大多数村寨民族大杂居，甚至很多家庭也是由两个以上民族的人口组成。另外，在这里天主教、基督教、藏传佛教、原始宗教共存，各民族和谐共处，多元文化的相互交融的人文景观，与丙中洛神奇的自然景观交相呼应。

道，一直通到怒江边的重丁村。路边村民的房屋大多由岩石垒墙，石片作瓦，给人一种原始而古朴的气息。重丁教堂正好处在一个下坡拐弯的地方，教堂外砌有一面高大的围墙，从围墙外看不到里面教堂建筑，教堂的门又开得很小，要不是门口挂的教堂标识，很容易被人错过。

因为一些原因，重丁教堂从 2020 年年初开始暂停开放，费了一番周折之后，我终于被允许参观。进门之后，是一条光线幽暗窄窄的甬道，让人感到有些压抑。穿过巷道后眼前豁然开朗，一个宽敞的大院映入眼帘，院中有一片果树林，有菜地，还建有一个篮球场，重丁教堂就静静地伫立在大院的一角。

重丁教堂是一座典型的法式天主教堂，墙面为白色，左右建有三层塔楼，两个塔楼中间是稍矮的三角形屋顶，塔楼和屋顶的上端都立有十字架。门、窗呈拱形，门楣上画有描写圣经故事的壁画，乍眼一看，就像一座微缩版的"巴黎圣母院"。重丁教堂虽然不像巴黎圣母院那样气势恢宏、富丽堂皇，但简洁的线条和精美的装饰，在怒江峡谷蓝天远山的衬托下，不失高远宁静的气质。

重丁天主教堂始建于 1908 年，前后花了整整 10 年的建造时间，于 1918 年顺利竣工并投入使用，是整个贡山县最辉煌、最壮观的建筑物。据说盖大教堂时，任安守曾到香港去拍摄照片，参照那里的教堂式样，把重丁大教堂盖成法国式结构：两旁为住楼，中为礼拜堂，还建有两座钟楼。大教堂盖成后，任安守任重丁教堂司铎，李文增任秋那桶教堂的神甫。

任安守神父在丙中洛地区传教达 50 年之久，于 1937 年去世，终年 81 岁。人们把他的墓修建在重丁教堂左侧他亲手栽种的两株高大的板栗树下。如今的墓石布满岁月的侵蚀已显陈旧了。一阵山风刮过，板栗树上飘洒下几片落叶，有的坠落到地面，有的落到墓碑上，旋即又被风儿吹起飘向远方。

怒江大峡谷，不仅是一条中华各民族交融互惠的大通道，同时也是一条中西方交流互鉴的国际大通道。但一百多年之前，这种单向的文化输入与渗透，往往与近代中国的屈辱历史紧紧联系在一起，这段历史记忆，我们绝不能遗忘。

老姆登：皇冠峰下的秘境

多年之前，我偶然从画报上看到一张怒江老姆登基督教堂的图片，那宁静安详的画面，给人一种恍若天堂的感觉，如此风景令人向往。

老姆登，乍听起来好像是洋文，其实这是地地道道的当地话，怒族话的意思为"令人向往的地方"，而白族语意为"紫竹生长的地方"。这个"令人向往和紫竹生长的地方"，是一个散落于怒江东岸海拔 2000 多米半山腰一个很小的村寨，在 20 世纪 80 年代之前，这里还不被外人所知。

所幸的是，老姆登村与当时的怒江州府和碧江县政府所在地知子罗相邻，还不至于完全与世隔绝。但自从怒江州府和碧江县政府相继搬离知子罗，迁至六库镇之后，知子罗便成了一座"废都"，老姆登村就失去了再被外人关注的理由。现今老姆登村渐渐被外界所知，都是因为这座老姆登基督教堂的缘故。

怒江边 228 国道从福贡县到泸水县 100 多千米的中间有一条岔道，是到老姆登的山路，始于山下的匹河乡。因打造怒江会客厅及道路拓宽施工，国庆节前全路封闭。在当地交警的协调下，我们被允许通行。到老姆登村约 13 千米，这是一条坡陡弯急的盘山小路。随着小车不断爬高，原先在山下仰望的众多山峰，这时都与我平起平坐了。

半个多小时后，终于到了老姆登村。首先看到的并不是教堂，而是一个观景台。站在观景台上远眺，对面的那个最高峰，形似一顶皇冠，当地人称它皇冠峰，又因为这座山峰是当年"驼峰航线"上的标志性山峰，所以当年的飞行员给"皇冠峰"又起了一个别名，叫"陈纳德峰"。

在众多山峰之下，散落着星星点点的大小村寨，山坡上弯弯曲曲的小路，犹如人间与天堂之间的天梯。两山夹峙之下，谷底汹涌澎湃的大河就是怒江。怒江的水只有在冬天才呈现绿色。4 月份以后，怒江水渐渐变浑。到了夏天的雨季，怒江的颜色就变得和黄河差不了多少了。

拐进老姆登村口，一座红白相间的房子映入眼帘，这就是怒江流域最大的基督教堂——老姆登教堂，倒映在一池碧水之上。红色十字架直指天穹，"神爱世人"四个字鲜红夺目。这座建造在悬崖边上的教堂，青砖墙，红漆木窗，白铁皮屋顶，周围绽放着一丛丛五彩三角梅。教堂简单朴素，带有一种纯粹和虔诚的感觉。

怒江地区的基督教堂均和法国传教士有关。早在 1902 年，法国传教士就开始从茨中地区跨越碧罗雪山，来到怒江地区传教，并建立了多座教堂。老姆登教堂是其中最大的一座。从外表看，这座教堂并不壮观，没有常见的玻璃彩窗、穹顶，以及标志性的哥特式尖塔，甚至室内也没有管风琴等乐器，有的只是长条凳和红漆木窗。可这并不妨碍人们的虔诚，每个星期天，周边乡村的信徒们都会集中于此做礼拜。

怒江地区最早的信仰是原始宗教，到了 20 世纪初，基督教和天主教由英法传教士传入怒江傈僳族地区，其倡导的戒律信条与傈僳族传统的道德规范比较吻合，且有统一的经典和较完整的礼仪形式，便逐渐在怒江傈僳族中间传播开来。

当时的傈僳族和怒族均有各自的语言，但没有文字。为了让信徒能够读懂经文，传播教义，在 1920 年至 1925 年间，英国传教士傅能仁和傈僳族信徒摩西、缅甸克伦族传教士巴拖创制了拉丁化的傈僳文。之后傈僳族文字便成了傈僳族和怒族的共用文字了。

后来，有人以拉丁大写字母及其变体形式构成的拼音文字，翻译出版了《圣经》单卷本，1938年出版的《新约全书》译本。是一对来自法国的传教夫妇——库克夫妇的杰作。阿兰·库克毕业于洛杉矶圣经学院，1933年他和妻子一起来到怒江里吾底村。对于大多数傈僳人来说，库克夫妇的到来改变了他们的生活。他们不再喝酒赌钱，不再因为从天而降的病灾而杀牲祭鬼，他们开始学习洗脸、洗脚，学习以握手的方式表达问候。当地老人是这样形容库克夫人莱拉的："她是我们的老师，是卫生员、接生员，还是裁缝……"

当时这些外来宗教是一种不平等的文化单向输入，带有强烈的殖民色彩。但当时基督教宣扬的生活方式，在客观上帮助当地的信众摆脱了原先不健康的生活方式，摆脱了买卖婚姻和杀牲祭祀所带来的沉重的经济负担，提高了文化知识水平。这些都给当时仍处在原始状态的民族以深刻的影响。

截至到1949年，整个怒江地区共建立了两百余座教堂，星罗棋布地分布在怒江大峡谷中，构成了怒江一道独特的风景线。始

建于1930年的老姆登教堂，先后改扩建数次，从木草房到土砖房，规模不断扩大。在大山深处的小乡村，能有这样一座神圣肃穆的教堂，不禁让人肃然起敬。

清晨7点，老姆登教堂的执事准时敲响教堂广场上用废喷雾器做成的钟。钟声清脆响亮，余音不绝，随着峡谷的清风，传遍整个村子，在峡谷中久久回荡。在峡谷之下就是怒江，一条自由流淌的大河。

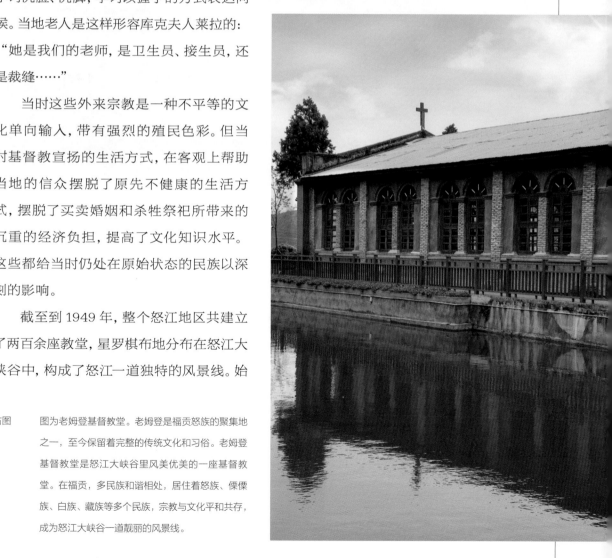

右图　图为老姆登基督教堂。老姆登是福贡怒族的聚集地之一，至今保留着完整的传统文化和习俗。老姆登基督教堂是怒江大峡谷里风美优美的一座基督教堂。在福贡，多民族和谐相处，居住着怒族、傈僳族、白族、藏族等多个民族，宗教与文化平和共存，成为怒江大峡谷一道靓丽的风景线。

西南丝绸之路的历史地标

010

苍山洱海千年千寻

云南省大理市 · 西南丝路

大理如果缺少了崇圣寺三塔，那么苍山洱海胜景一定会逊色不少。崇圣寺是大理国时期的皇家寺院，历史上曾有九位大理皇帝在此出家，以寺中三塔闻名于世，也是佛教盛行大理的见证，堪称大理的历史文化地标。

大理自古就是西南丝绸之路重镇，历史上的川滇段主要有两条通道：一条走古牦牛道（零关道），从成都出发，经西昌到达会理后，折向西南行，经攀枝花，渡金沙江至云南大姚后到达大理；另一条从成都经彭山，沿岷江而下，经乐山和宜宾，再沿秦代开凿的"五尺道"南行，经高县向西折入横江河谷，经豆沙关、昭通和昆明，最后到达大理。两条路在大理会合后，经保山、腾冲、盈江到达缅甸境内的八莫，又有水陆二途到印度，

再从印度通中亚、欧洲。通过这条西南丝绸之路，中国的丝绸、蜀布、筇竹杖、工艺品、铁器等不断输出，国外的琉璃、宝石、翡翠、光珠等又源源输入。到了唐代，这条丝道经久不衰达到鼎盛。它是中印两个文明古国最早的联系纽带，对中外社会、经济、文化的交流作出了重要贡献。但后来由于又发现和开辟了新的道路，这条古道才逐渐凋零。

大鹏金翅鸟前世今生

2019年央视开年第一期《国家宝藏》，由云南省博物馆选送的三件文物令人大开眼界，其中最引人注目的就是一座银鎏金嵌珠金翅鸟立像。提起大鹏金翅鸟，许多到过大理的游客都不会陌生，在崇圣寺三塔广场、大理大小公园、许多地标建筑上都能见到金翅鸟靓丽的身影，甚至大理民间对男孩和女孩的称呼上都留有大鹏金翅鸟的烙印，大理白族小伙叫阿鹏、姑娘叫金花，对大鹏金翅鸟的崇拜已融入白族同胞生活的各个方面。

大鹏金翅鸟梵名叫"迦楼罗"，为佛教护法神中的"天龙八部"之一，传说能日食龙三千，可镇水患。龙王紧那罗不能忍受，求诉于佛前，二者得佛点化，均成为"天龙八部"中的一员。迦楼罗护卫佛头，紧那罗善于音乐，常侍于佛的左右。

大鹏金翅鸟是大理历史文化的见证。古代大理"泽国多水患"，古籍《金石萃编》中

记载："世传龙性敬塔而畏鹏，大理旧为龙泽，故为此镇之。"大理百姓深受水患侵扰，白族同胞认为水患为龙而起，而迦楼罗以龙为食，所以被白族百姓崇拜。白族先民把原始的金鸡形象衍生为颇具佛教"迦楼罗"特征的形象立于各式塔顶，以镇水患。

1925年3月16日，大理发生7.1级强震，城乡房舍损毁无数，唯有大理三塔巍然屹立于苍洱之间，但千寻塔的塔刹和立于塔顶的大鹏金翅鸟被震落，一些藏在塔刹中的文物也随刹落地。1978年，国家拨出专款对年久失修的崇圣寺三塔进行维修加固时，在对千寻塔塔顶清理时发现文物680余件，其中还有一件银质鎏金的大鹏金翅鸟。该大鹏金翅鸟通高18.5厘米，重125克，翅、尾、头座为分别锻制后用榫口连接和焊接而成。鸟足踏莲花座，昂头，张翅，竖尾呈欲飞

状，尾羽上饰水晶珠，是南诏大理国时期的艺术极品。

千寻塔大鹏金翅鸟的重见天日，证明了大鹏金翅鸟确实是大理的守护神，也证实了佛教在大理盛行和存在的时间。在大理漫长的发展史上，佛教一度是南诏大理国的国教，大理人礼敬佛陀，对大鹏金翅鸟的崇拜由来已久。

① ② 图为大理三塔与大理古城。大理古城作为中国少数民族聚居地之一，是白族文化资源富集和多民族文化交融发展之地，中原文化、异域文化与本土文化在这里碰撞、交流，形成了灿烂的南诏大理文化和特色鲜明的白族文化，展现着浓郁的民族风情和璀璨的人文景观。同时，大理古城也是中国与东南亚各国文化交流、通商贸易的重要门户，大理古城作为南诏、大理国的都城有500多年历史，长期为云南的政治经济文化中心之一。

这件银鎏金嵌珠金翅鸟立像，其鸟头饰有羽冠，颈部细长，翅膀向内卷，作欲飞状；两爪锋利有力，立于莲座之上；尾、身之间插有镂空火焰形背光，其上饰水晶珠五粒，加上整器鎏金，显得珠光宝气，雍容华贵。大鹏金翅鸟已经成为白族的特色性文化符号，是白族与藏族、傣族等民族共同享有的一个图腾。

进入新时代后，大鹏金翅鸟被大理人赋予了更多的当代价值。现今的洱海已经没有了水患之忧，但洱海的水质污染已引起各方高度关注。大理涌现了越来越多的洱海环境卫士，他们以保护洱海环境为己任，默默地守护着洱海，他们不愧为大理当代的"大鹏金翅鸟"。

三塔与湖光山色交相辉映

大理崇圣寺是国内外闻名的南诏名胜之一，建于公元九世纪，为南诏王劝丰祐时期（823—859），约唐代中晚期。寺院建筑早已荡然无存，只有寺前三塔仍巍然屹立。千寻塔在三塔中最大，位于南北两座小塔前方中间，所以又称中塔。塔的全名为"法界通灵明道乘塔"，塔高69.13米，塔心中空，在古代有井字形楼梯可以供人攀登。千寻塔为砖结构密檐塔，檐数多达16层，高58

上图　　图为大理古城历史地标建筑——大理三塔。大理古城是人类文化遗产最杰出的区域之一，地处边疆，民族文化浓厚，其"人工与自然融合"的景观风景营造的方法及传统的城市景观规划建设思想，对中国现代建筑营造具有重要意义。

米，是密檐塔中檐数最多者，也是比例最为细高者。

"寻"是古代的计量单位，表示长度，高度。中国古代常见的长度单位还有"仞、扶、咫、跬、步、常、矢、筵、几、轨、雉、里、毫、厘"等。1寻相当于8尺左右。千寻塔，并不代表它真的有1000寻，只是形容它非常高，所以叫它千寻塔。

古时修建千寻塔，采用垫一层土修一层塔的方法，塔修好以后，才将土逐层挖去，让塔显现出来，故有"堆土建塔"与"挖土现塔"之说。建塔时所搭的桥，高如山丘，长达10余里。修塔时运力不足，还用山羊来驮砖，如今大理的银桥村，古时称为"塔桥村"。

千寻塔的造型与唐代其他密檐塔极为近似，即底层特高，上有多重密檐，全塔中部微凸，上部收分缓和，整体如梭，檐端连成极为柔和的弧线。千寻塔各层塔檐中部微向下凹，角部微翘。塔底层东为塔门，西开一窗，以上各层依南北、东西方向交错设置券洞和券龛千寻塔对在此以前各密檐塔每层塔身上下直通开券洞的做法有所改进，较有利于抗震，造型上也更富有变化。

千寻塔通体自上而下有两重塔基和塔身。塔身16层，每层正面中央开券龛，龛内有白色大理石佛像一尊。两边龛为窗洞，两级窗洞的方向交替错开，解决了塔内的采光通风问题。塔檐越往上间距越小，自第三、第四层起逐层向内收束，最后集束于塔顶。

因此塔身的外形轮廓不是僵硬的直线向上，而是微凸，形制与西安小雁塔相同。在塔顶四角各有一只铜铸的金鹏鸟，用以镇压洱海中的龙妖水怪。塔下有明朝黔国公沐氏楷书"山海大观"四个大字，每字纵横四丈，用文石凿成。

千寻塔后面南北各有两座小塔，都比千寻塔略矮。南小塔高38.25米，北小塔高38.85米，都是实心砖塔。每层分别雕券龛、佛像、莲花等。它们的建筑时代晚于千寻塔，大约在五代时期。

大理三塔建筑规模宏伟，设计水平高超。虽经一千多年的风雨剥蚀和无数次地震的考验，塔基仍很坚固，塔身也未见倾斜。据《南诏野史》记载：塔上有11000多尊铜佛，用铜约40500斤。明正德十年（1515）大地震和1925年大地震时，大理城内房屋十有九塌，三塔却安然无恙。

明崇祯十二年（1639），徐霞客到大理时，仍见崇圣寺前"三塔鼎立，诺四旁皆高松参天。其西由山门而入，有钟楼与三塔相对，势极雄壮"，楼后为正殿，正殿后为"雨珠观音殿，乃立像，铸铜而成者，高三丈"（《徐霞客游记·滇游日记八》）。据说，寺中的鸿钟为"南诏建极十二年"（871）造，"径可丈余，而厚及尺"，"其声闻可八十里"。

千百年来，巍然峙立的大理三塔，与苍山洱海交相辉映，宛如神来之笔，不仅为大理的秀丽湖山增添美色，同时也添加了古城大理的历史风韵。

红色政权与民族信仰和谐相处交相辉映的典范

011

凝聚民族的荣光

宁夏吴忠市同心县·丝绸之路

初次相遇，我有些不太相信自己的眼睛，也有点怀疑自己的知识储备，这样一座矗立在宁夏中部同心县旧城西北角高地上飞檐翘角的中国传统古典建筑，竟然是一座宁夏现存历史最久、规模最大的伊斯兰教建筑——同心清真寺。不仅于此，它还是一座凝聚红色革命记忆的历史文物建筑，中国历史上第一个县级回民自治政权——陕甘宁省豫海县回民自治政府就成立于此。在华夏大地上，红色政权与宗教如此和谐地交相辉映，旷世罕见。

六盘山谱写红色壮丽诗篇

宁夏，是长征红军三大主力胜利会师的集结点，也是红军结束长征走向胜利的新起点。这片神奇的土地，给我们留下了宝贵的精神财富和文化遗产。1935年10月初，当中央红军冲破国民党军队重重围追堵截，翻越长征途中的最后一座大山，即位于宁夏南部固原地区海拔两千多米的六盘山之后，长征胜利的曙光已经出现。

追寻红军足迹，感悟红色情怀。自甘肃武威天梯山到宁夏固原，我没有选择快速便捷的高速公路，而特意选择了六盘山故道。六盘山是纵贯宁夏固原、隆德、泾源三县的一座大山，雄跨甘肃、宁夏，最高峰海拔3100多米。六盘山山势陡险，峰峦重叠，西（安）兰（州）公路盘旋其上，宛如一条长长的白练起舞在千山万壑之间。这座南北走向的高山，是红军到达陕北革命根据地的必经之地，也是红军长征途中最后一座高山，翻过这座山，到陕北将再无高山险峰阻挡。

那一年的六盘山正值深秋时节，蓝天澄澈，秋风猎猎，漫山遍野层林尽染。毛泽东感慨万千，诗兴勃发，一首气势磅礴的《长征谣》就在这极目远眺中一气呵成："天高云淡，望断南归雁。不到长城非好汉！同志们，屈指行程已二万！同志们，屈指行程已二万！六盘山呀山高峰，赤旗漫卷西风。今日得着长缨，同志们，何时缚住苍龙？同志们，何时缚住苍龙？"

两个月后，毛泽东在陕北瓦窑堡用铅笔记下了这首在翻越六盘山高峰时吟成的词。1959年9月，北京人民大会堂落成以后，宁夏政府想把毛主席的这首词悬挂于宁夏厅，时任宁夏回族自治区人民政府秘书长的黑伯理便写信给老一辈革命家董必武，希望他代为转达宁夏人民的这个愿望。1961年9月8日，毛泽东对这首词又一次也是最后一次进行修改，重抄后托董必武转交给了宁夏。1961年9月30日，《宁夏日报》在头版刊发了该诗词手迹，同时配发了《不到长城非好汉》的社论。

右图　宁夏自古就是各民族密切交往的地区。宁夏西侧的贺兰山一带，是我国农耕文明与游牧文明的过渡地带。宁夏地区的社会生活整体呈现出汉民族吸收游牧民族尚武善战之优长、各游牧民族吸取汉民族尚礼好学之风气，彼此相濡互化、互鉴交融的面貌。朔方之保障，沙漠之咽喉，在各民族的交往交流交融中，宁夏拥有了书写不尽的文明与辉煌，推动着中华民族不断发展壮大。

黄土旱塬的永恒记忆

1936 年是宁夏同心县历史上最值得浓墨重彩的年份。1936 年 10 月 20 日，当中国历史上第一个少数民族自治政权 —— 陕甘宁省豫海县回民自治政府成立大会在同心清真大寺隆重召开后，这座古老的清真大寺从此承载着一份雄浑厚重的红色基因，如一篇壮丽史诗，给同心的黄土旱塬留下一份永恒的记忆。

红军进入宁夏回民区之前，国民党竭尽造谣污蔑丑化之能事，使一些不明真相的群众避匿深山。但红军每到一处，保护清真寺，尊重回民信仰自由和风俗习惯，使敌人的反动宣传不攻自破，在回族人民心中构筑起了一座理想信仰的高大丰碑。

1936 年 8 月，根据毛泽东指示，中共陕甘宁省委书记李富春和中央政府组织部部长李维汉来到同心城，帮助筹建豫海县回民自治政府，成立了豫海县回民自治政府筹备委员会，李富春、王首道、程子华、唐天际、王柏栋、黄镇、杨奇清、马青年等为委员。经过两个月筹备，筹备委员会于 10 月初发出了《召集豫海县回民自治代表大会通电》。

1936 年 10 月 20 日，中国历史上第一个少数民族自治政权 —— 陕甘宁省豫海县回民自治政府成立大会在同心清真大寺隆重召开。这是一个回民自决的盛会，出席大会的各界人士及代表 300 余人，豫旺县属的两个回民区，也选举代表前来参加。代表大

会历时三天，通过了《豫海县回民自治政府条例》《回民解放会组织章程》《减租减息条例》《土地条例》等有关决议案。代表们还在一个个写有候选人名单的大碗里，用豌豆投票，选举产生了回民自治政府领导班子成员。

当时主持会议的回族代表马和福说出了代表们的共同心声："陕甘宁省豫海县回民自治政府今天成立了！在中国共产党领导和红军的援助下，我们回民有了自己的政权，我们要坚决拥护共产党、红军的抗日救国主张，同全国各族同胞联合起来，开展民族革命战争，保卫家乡，保卫西北，驱逐日寇出中国，为我大中华民族的自由解放而努力到底。"

清真寺本来是回民礼拜的神圣殿堂，而同心清真大寺却成为陕甘宁省豫海县回民自治政府红色政权的诞生地。当年的《红色中华报》称赞"这是回民政府的第一次，是回民解放的先声！""红军西征胜利了，占领了同心城……每逢集市，人山人海，商业一天一天地繁盛起来……这是苏维埃新政策的伟大胜利啊！"

同月，美国记者埃德加·斯诺和祖籍黎巴嫩的美国医生乔治·海德姆从陕北来到同心豫旺堡。斯诺采访了大批西征红军将士和回汉群众，拍摄了大量战地纪实照片，他在同心地区的所见所闻，占据了轰动世界的著作《红星照耀中国（西行漫记）》约三分之一的篇幅。同样深受广大军民欢迎的乔治·海

① ② 宁夏同心清真大寺始建于元末明初，距今已有600多年的历史，是我国十大最古老清真寺之一。与其他伊斯兰建筑风格的清真寺不同，它是砖木结构、具有中国古老的传统建筑风格。在大殿的门楣上有一块匾额写着"陕甘宁省豫海县回民自治政府"成立大会，1936年中国工农红军西征时，曾在这里召开各界代表大会，成立了陕甘宁省豫海县回民自治政府，实现了我国回族历史上的第一次民族自治。如今来同心清真大寺的人们既有虔诚的穆斯林，又有缅怀革命先烈的参观者。这里见证着回汉人民一家亲的过去、现在和未来。

德姆医生在豫旺作出了参加中国革命后的一个重要决定，即根据当地回民多数姓马的缘故，改名马海德。

当年的同心清真大寺积极支持县委、县政府工作，发动更多的回民参加抗日，积极开展筹粮、筹款，支援前线，做好迎接二、四方面军的工作。同心清真大寺在为豫海县回民自治政府发起的第一次支红募捐活动就筹得：粮食 60000 余斤、银圆 80000 多块、大烟土（可换棉布）10000 多两、二毛皮衣 1000 多件、棉花 1000 多斤、棉布 2000 多匹。同心清真大寺无愧为各民族团结奋斗、共同繁荣发展的典范。

明月下的安详与超然

铺满金色余晖的同心清真大寺鸟语花香，祥和悠远。作为宁夏历史上最悠久的一座伊斯兰教建筑，与广州怀圣寺、泉州圣友寺、杭州凤凰寺、扬州仙鹤寺、开封东大寺、西安化觉巷寺、西宁东关清真大寺、北京牛街礼拜寺和新疆艾提尕尔清真寺并列为中国十大古清真寺。

关于同心清真大寺始建的确切年代，史书没有明确记载，但有一点可以肯定，同心清真大寺的兴建、诞生与发展，与伊斯兰教在中国的传播息息相关，也折射出中国政治、经济和文化的发展脉络。

据史料记载和 1983 年维修发现，同心清真大寺起初是座喇嘛昭。1367 年，元王朝摇摇欲坠，蒙古人遂弃昭而走。受明政府扶持的穆斯林，在倾圮的旧昭基上改造翻建成了清真大寺。在寺院入口处墙上，有两块石雕横额分别留有："明万历年间重修"和"乾隆五十六年辛亥蒲月重修"字样。这样说来，同心清真大寺迄今已有六百余年的历史。

明代是我国回民族最终成形时期，伊斯兰教在明王朝的扶持之下，彻底完成了中国化的进程。明太祖朱元璋及其明王室非常尊重穆斯林和伊斯兰教。在明代的开国元勋中，回族将领占据相当比例，如胡大海、冯国用、冯胜、常遇春、沐英、蓝玉、丁德兴、麻英、达云等名将。史书还记载明太祖朱元璋在位期间，任命穆斯林大师数人为翰林院翻译，专职编辑伊斯兰教经典，曾御书百字，赞美伊斯兰教及先知穆罕默德，并敕修清真寺于西安、南京以及滇、闽、粤等省。明洪武二年（1369），大将徐达、俞通海率兵攻取宁夏全境，结束了蒙古人在同心乃至宁夏的统治，从而取得传播伊斯兰教的权力和空间。

同心清真大寺当初构建在一座小土山上，高出地面十丈，四周民房聚集，花草繁茂，清水河映照着同心清真大寺的倒影，美丽壮观。因为县城附近一带建有上百座大大小小的清真寺，为了以示区别，人们便把这座寺庙冠以"同心清真大寺"之名。

同心清真大寺的建筑分上、下两部分。上部为主体建筑群，建在一座高 7 米的砖砌台座上，台座四周均用青砖包砌，台座东西通长 60 米，南北通宽 53 米，面积 3500 平方米，主要建有礼拜大殿、邦克楼和南北厢房，建筑面积近 3000 平方米；下部建筑群及附属建筑较多，它们是寺院门、照壁、砖砌券洞和浴室。我对寺中一幅"月藏松柏"砖雕图尤感兴趣，苍翠的松柏间，一轮明月隐隐约约，清泉自松间流下，仿若淙淙有声。此砖构图精美，形象生动，给人一种安详、恬静、舒适又超然的美感。

一轮明月渐渐从地平线上升起，好像听到召唤一样，同心城四面八方的穆斯林群众都向同心清真大寺会聚过来，宁静地走进大寺犹如弯月的券门。他们的背影与清真大寺一起，融入明朗的夜空中，定格在我的记忆里。

下图　同心清真大寺门前的影壁，融合了中西方的文化。影壁上有一幅对联，上联是："万物遍生沾主泽"，下联是"群迷普渡显圣恩"。万物遍生是道家思想，普渡又是佛家用语。在影壁的中央有一幅砖雕画："明月松间照，清泉石上流"。而一轮明月，藏于松柏之间，又是伊斯兰文化的象征。

012

灵州道上的丝路灵光

宁夏中卫市中宁县 · 丝绸之路

丝绸之路也是朝佛之路。当文管员带着我来到已被腾格里沙漠滚滚流沙吞噬埋没大半的宁夏中宁石空寺石窟，打开锈迹斑斑的铁锁，手机电筒照亮石窟的那一刻，犹如漫漫长夜中的惊鸿一瞥，我眼前仿佛突然出现了一个如梦似幻的佛国世界。

丝路枢纽灵州道

宁夏中卫中宁石空寺，位于宁夏中宁石空镇西北双龙山南麓。这里南临黄河，北靠长城，既是一个千年佛教圣地，也是一个举足轻重的交通要道：往西可进入甘肃景泰和内蒙古阿拉善左旗境内，直抵西域；一路朝东经灵州（今宁夏灵武）进入陕西榆林地界可通长安。这条贯通东西的大干道，就是丝绸之路上曾经盛极三百年的灵州道。

两千多年前的西汉时期，汉武帝遣张骞两次出使西域"凿通西域最后一千米"，一条从长安绵延向西的道路，将古老的东方与遥远的西方紧紧连接在一起。这条由骆驼踏出的商贸文化之路，千百年来成为历史上横贯欧亚大陆的贸易交通线，成为东西方文明交融互鉴的纽带。

历史上的丝绸之路，伴随着当时社会、经济、环境的变化而变化，随同中原与边关之间的战争、宗教形势的变化而变迁。汉魏时期，丝绸之路东段北道途经宁夏泾源、固原、海原一线，人们把这段道路称为萧关道。

755 年唐"安史之乱"，吐蕃与中原的战争一直不断，当吐蕃兵锋直达关中，尤其是唐代原州（固原）陷落吐蕃后，丝绸之路东段北道"萧关道"遭到致命打击，灵州南抵原州后再达凉州的道路自然是阻绝不通，由西域通往长安的凉州北道，经济、文化交流在很长一段时间处于中断状态，失去了昔日中西商贾、使节、僧徒熙攘往来的繁荣景象，丝绸之路长安"萧关道"渐渐式微。

"萧关道"暂时受挫，必然要有新的道路取代。丝绸之路东段北道改走灵武、银川、中卫等地，途经宁夏北部灵州到达长安的灵州道便横空出世，在特殊时期承担着特殊使命。丝绸之路灵州道近 300 年的畅通过程，发生了许许多多重大历史事件，积淀了不少中西文化交融的精粹，石空寺就是其中之一。

灵州，一直是宁夏北部的政治、经济、文化中心，地处黄河东岸，是关中北出塞外的北部重镇，地理位置非常重要，尤其是军事地理位置。灵州西通河西凉州，南向原州（宁夏固原）通往长安的，北通漠北草原丝绸之路，东连太原一线，体现了其交通枢纽的作用和军事重镇的位置。

唐代的灵州，是北魏薄骨律镇、隋代灵武郡的延伸。唐代初年的灵州，已置有总管府，624 年改都督府，属关内道，除管有数州县之外，还设有管理突厥、回纥等少数民族的若干个羁縻州。

756 年 7 月 12 日，李亨在灵州即位，在灵州城南楼诏告天下，并升灵武郡为灵州大都

督府，这是当时黄河中部军政建置最高、管辖范围最大的都督府。灵武大都督府存在的时间虽然不长，但对灵州政治地位的提升、丝绸之路灵州道的开通与奠定都起了一定的作用。

灵州以其重要的政治、军事、经济地位成为朔方重镇，当时灵州向四周辐射的陆路通道共有 7 条。此后西域、漠北与中原各地往来贸易都到灵州中转和承运，茶马互市、朝贡岁赐等活动日益繁盛，灵州在唐末至宋初成为国际贸易城市。玉石、丝绸、瓷器、马匹等在这里中转流通，往来西域各国的使者朝臣和前往天竺（古印度）取经的僧人穿梭不断；临近的蕃部在灵州经营马匹交易，灵州马市盛极一时。

直到 1020 年，夏王李德明迁都兴州。

这一年是宋真宗天禧四年，也就是在这一年，宋朝正式诏告西凉府回鹘，此后向宋朝的纳贡改由秦州路（今甘肃天水），兴盛了数百年的灵州道完成了它的历史使命。

传承千年丝路余光

丝绸之路离我们很遥远，从长安到古罗马一万五千千米，穿越时空两千多年；丝绸之路离我们很近，曾经从我身边的这座城市穿过，曾经从我脚下的这片荒漠延伸。虽然当年驼队商贾的身影早已销迹在茫茫戈壁之中，但传承千年的丝路余光，仍然照耀着我们前进的道路。今天，当我再度踏上这段古道，仰望佛光，试图寻找那些历史遗留的印迹……

石空寺石窟坐落于双龙山，古称"石空山"。石空寺石窟背山面水，风景十分秀丽，明代杨郁有诗赞曰："劳生不了漫匆匆，匹马冲寒过石空。古洞仰观山拥北，洪涛俯瞰水东流。一方有赖藩篱固，千里无虞道路通。倚遍危栏情未已，淡烟衰草夕阳中。"

清代的《宁夏府志》记载："石空大佛寺石壁峭立，中空如陶穴，宏敞可坐数百人，因石镂成像，梵宇皆依山结构，每夜僧人燃灯，远望如星悬天际。"在明清时期，石空寺石窟已经是当地十景之一，号称"石空夜灯"或"石空灯火"，有诗为证："叠嶂玲珑辣石空，谁开兰若碧云中。僧闲夜夜燃灯坐，遥见青山一滴红。"

在中宁县城跨过黄河大桥，穿过包兰铁路，就来到了双龙山下，著名的石空寺就在眼前。往西到沙坡头的旅游大巴车一辆接着一辆从我的面前一闪而过，但没有一辆车一个人愿意驻足来石空寺寻幽探古。吃力地穿过一条深深长长的涵洞后，石空寺石窟便远远地映入眼帘。它的整体布局、建造样式、艺术手法与甘肃的敦煌石窟相似，但眼前破败的景象让我大吃一惊，依山搭建的脚手架

不见施工，下方环绕着长长的简易墙，让人根本看不到全貌，石窟寺在哪里呢？

据史书《陇右金石录》《甘肃新通志》记载："石空寺以寺得名，寺创于唐时，就山形凿石窟，窟内造像皆唐制。"石空大佛寺石窟开凿于唐代，它是唐代丝绸之路上一处重要的宗教文化遗址。清《乾隆中卫县志》对石窟做过详细的描述："寺在半山，为两院。东院山门内，重楼依山，楼下启洞而入，中若著邃屋……两院梯上阶而上，有真武阁、亦因山窟而室。转西则新建佛殿巍然，内外各六楹。其前因山筑台，凭栏远眺，河流环抱，村堡错落。"

在一千多年的沧桑岁月中，石空寺几经兴衰，由于这里是格里腾大沙漠的南缘，日夜风沙肆虐。到了晚清时期，社会动乱，农村凋敝，寺院荒废，无人问津，石窟逐被流沙淹埋。到了21世纪40年代末，这里原有的大佛洞、万佛寺、百子观音洞、灵光洞等，各窟各寺均被流沙埋没，仅存一个当地百姓称为"九间没梁洞"的石窟和洞前的一座小寺庙。

我在石窟内外找了半天，花费一番周折后，终于找到并说服了当地的文管员，他取出钥匙带我来到硕果仅存的"九间没梁洞"。窟室宽敞宏大，窟室前部门的上方左右两侧各有一方形明窟。里壁并列三个佛龛，东西两边各置佛坛，造像虽已残破，但大部分为精致的明代彩塑。壁面有彩绘的佛教故事，工笔细腻。窟顶彩绘西番莲图案，线条流畅。

石空寺自唐代开凿以来，在西夏、元代

曾做过重要修缮和增塑。从遗存的大量明代嘉靖年间的铭文来看，明代也曾进行过较大规模的维修扩建。清末以后洞窟被流沙掩埋，使得窟内众多珍贵文物得以幸免于难。

1983 年，为了发掘保护被埋没于流沙之下的文化宝藏，经宁夏文物管理委员会专业技术人员发掘清理，清除积沙 18 万立方米，清理出埋在沙子下面的上寺和有科学考古价值的彩塑像 100 余尊。

如今这些出土的珍贵文物，都珍藏在石空寺西侧一座双龙寺石窟文化陈列馆内。文管员又一次为我打开了"绿色通道"，让我徜徉其间，唐、宋、元、明、清各朝代的彩绘塑像、壁画、地砖、铜镜、铜像等珍贵文物一百多件，就像漫漫夜空中的流星，从我的眼前一一划过，穿越千年时空，与我对话……

我离开之时，抬头看到山门一副对联云："座下莲华压倒西湖六月景，瓶中杨柳带来南海一枝春。"这正是对丝绸之路灵州道上的胜境石空寺最好的写照。

① ② 图为石空寺出土的珍贵文物。丝绸之路长安——凉州道的衰落，是因为安史之乱后吐蕃与中原的战争，中断了丝绸之路东段北道，都城长安通往西域的长安——凉州北道，已失去了昔日中西商贾、使节、僧徒熙攘往来的繁荣景象，经济文化的交流处于中断状态。长安——凉州北道受阻，必然要有新的道路取代，这就是途经宁夏北部灵州的长安—灵州道。灵州道自开通以来就是一条朝贡之路、贸易之路、文化之路，在特殊时期承担着特殊使命。丝绸之路灵州道近 300 年的畅通过程，经历了许许多多重大历史事件，积淀了不少中西文化交融的精粹。

古丝绸之路上中国现存最大型古塔群之一

013

一百零八塔迷云

宁夏吴忠市青铜峡市·丝绸之路

滔滔黄河一路由南千里奔腾而来，流到这里突然柔情绵绵水势趋缓，平静中带着些许神秘，然后再一路往北而去。放眼远望，山重水复，谷壑岚烟，祥云瑞石，轻雾缭绕。近处却是蓝天碧水，绿草青山，禽鸟成群，生机无限，"塞上江南"果然名不虚传。

就在此地，1958 年兴建的青铜峡水利枢纽工程西岸崖壁之下，有一个奇特而别致的景观，那就是排列有序的一百零八塔。因为缺乏确切的文献记载和相关实例，关于一百零八塔的建造时间和缘由，千百年来莫衷一是，版本颇多。有人称是北宋百姓为纪念当年穆桂英在此点将御敌所建，有人说是明初当地百姓为纪念在此战死沙场的 108 位将士所立，有人说这是 108 座高僧圆寂后的灵塔，也有人说这是为尊仰《金刚经毗卢遮那一百零八尊法身契印》而建造的佛塔⋯⋯

这处全国孤例的独特文化遗存，成为我这次宁夏采风的重中之重。一到青铜峡，空气格外清新。虽然时间已过了下午 6 点 30 分，渡轮停摆，景区闭园。但令我意料不到的是，我的个人采风活动，却得到了当地许多素未谋面普通人的鼎力相助。先是一位在青铜峡大坝工作的大姐领着我穿过工厂作业区，越过一座高高的天桥来到渡口；渡口的一位领导下班后用私家车绕行十余千米，

下图　隐秘的西夏历史，随滔滔的黄河水无情地流逝，雄伟的塔林却始终默默驻守河畔。历经沧桑的一百零八塔与浸透岁月印痕的出土文物，在无声地诉说着往昔那些曲折动人的故事。

穿过黄河大桥把我送到景区门口；而景区的工作人员破例为我打开了原本紧闭的园门。心存感恩之际，我一边抬头仰望西方一百零八塔山背后即将坠落的夕阳，一边开始了一个人与一百零八塔之间的千年时空对话……

形制独特百塔群

一百零八塔是我国现存的大型古代喇嘛塔群之一，在黄土高坡上孤零零地守望着奔腾不息的黄河，斑驳的塔身泛着历史的幽光，气势逼人而又神秘悠远。密集的塔林整体面向东方，随山势凿石分阶而建，共有阶梯式护坡平台12级，由下至上一层层逐渐收缩并抬高，整体形状呈等腰三角形。

令我惊奇的是，塔群自上而下，按1、3、3、5、5、7、9、11、13、15、17、19奇数错落排列成12层，每层塔前用砖砌护墙一道，地面用砖铺墁，构成一个等边三角形塔群，共108座。

我先沿右侧护坡平台，登临一百零八塔的最高处。此塔最为高大，1987年时残高为5.04米，塔底直径为3.08米，塔基呈方形，为过洞式喇嘛塔，面东壁有龛门。塔座平面有八角或亚字形须弥座，刹顶施相轮伞盖宝珠。其他107座塔的大小基本相近，均为实心塔，塔高在2至2.5米之间，塔底直径在1.9米至2.1米之间。塔身多使用半块残砖，而基座多使用整砖。

一百零八塔的砖结构塔身仅为最外面一层，里面包裹着的为土坯塔，共有28×15×5、30×16×4、30×14×5厘米三种规格，所有规格的土坯塔正中心都有一根木质立柱。数十年前塔内的土坯塔已经全部损毁。还有的有些砖塔外面曾抹有白灰泥，部分在损毁后里面露出三层白灰皮，不同层的白灰皮上有用朱砂等颜料画出的不同图案，其中有的残塔最外层所绘的是"朱砂彩绘的莲瓣花纹图"。

经仔细辨别，我发现这一百零八塔具体的形制有所不同，共分四种：第一层仅有的1座、第十二层的全部19座共计20座塔，其基座呈十字折角形，塔身为覆钵形；第二层至第六层全部23座塔，基座为八角束腰须弥座，塔身呈葫芦形；第七层全部9座塔，塔基均为八角束腰须弥座，塔身呈圆筒状；第八层至第十一层全部56座塔，塔座为八角束腰须弥座，塔身为折腹式。

待我上上下下、来来回回悉心品鉴过三次一百零八塔后，塔顶最高处那原来金灿灿的夕阳开始慢慢地暗淡下来，天色降下了重重的黑幕。听着黄河岸边传来的阵阵波涛声，我的思绪也好像坠入了深不见底的黑洞，谁能为我解开这古塔的千年之谜呢？

硕果仅存的西夏遗构

一百零八塔在明朝和清朝的文献中，都可以找到明确的记载。这导致在其相关研究中存在两种看法，一种是认为其建造时间在宋朝至清朝之间，另一种则认为建造时间在元朝。

虽然在元、明曾对群塔有所修葺，尤其是清顺治五年（1648）时，当地对塔群进行过一次大的维修，中华民国时期也有过一定的维护。但由于自然的侵蚀，加上很长一段时间没有专业的养护管理，致使塔群护墙倒塌，塔刹残毁，塔身松散坍裂，塔座被堆积物覆盖。

1958 年在修建青铜峡水库时，构筑的拦河坝将淹没塔区下的河滩地，建设单位打算将塔林下的古寺遗址和 2 座塔全部拆除，并将 108 座喇嘛塔全部迁移他处。但在已经被拆除的 2 座古塔中，发掘出了带有西夏文的千佛图帛画、佛经残页、彩塑和彩绘图案、题记等遗迹，经专业推测，古塔可能是西夏遗构，事关重大，整体迁移计划由此搁浅，并上报自治区和国家文保单位，于是这里成为一处国宝级的文化保护单位。

关于覆钵式塔群并不鲜见，在西藏、青海、甘肃、内蒙古额济纳旗黑水城等地都可以看见，这是藏传佛教普及传播的主要建筑形式。而这类佛塔大多成为藏传佛教寺院建筑的主体部分之一，多为单体或组成金刚宝座和坛城的主体，也有成排布列或无序散落的，但没有像一百零八塔这样错落有序分阶布列组合成等腰三角形群落的。

1987 年，当地文保部门正式启动修复清理行动，才使得古塔群的历史真相一步步浮出水面。在加固维修和清理塔群坍塌堆积物时，考古人员在 001 号、009 号、017 号、041 号、085 号塔的堆积中，发掘出砖雕佛像 8 尊、彩绘泥塑像 4 尊、彩绘泥塑卧像 1 尊、

泥塔模 103 件、陶塔刹顶 3 件和建筑残件瓦当、龙首等遗物。有些白灰泥皮上有用朱砂彩绘的莲瓣花纹图案残迹，有些残塔身上还有墨书梵文，其形制、色调、纹饰等，与河西地区西夏至蒙元时期土塔遗存十分相似，这也与后来 1999 年整修拜寺口双塔时，在西塔后山坡上发现的彩绘土塔群如出一辙。

新的证据不仅仅来自一百零八塔。在塔群北侧的山水沟北坡上，考古人员还发现了一座砖塔。塔身上部坍塌，仅存了 30 厘米高的基座，平面为八角形。经清理，在塔基内发掘出陶钵一件、泥塔模十多件、西夏文经书残卷。经书已朽烂粘连，经过清理，可见有两种纸色。一种纸色泛白，保存页数较多，已腐烂粘连成为一叠。此书页有上下边线，在一部分书页的上下边线内，各印一横排坐佛。在上下佛像之间，印有西夏文字，每字 2 厘米见方，每竖行有五个字。另一种纸色泛黄，仅存一张残页。残页上印有西夏文字及一位贵妇及众侍从的图像。此位贵妇发髻高盘，头戴花钩，容颜秀丽。她身着交领长裙，双手在胸前合十，有圆形头光。贵妇身后侍立三人。其右侧侍从头戴幞头，面相方颐，年龄较大，身着圆领衫，双手握一长把器物。另外两位侍从仅存头部。

结合一百零八塔塔群内外发现的众多西夏、蒙元时期的遗存、遗物，史志文献的记载基本被印证，明代称其为"古塔"并不过分。可以确定无疑的是，一百零八塔始建于西夏，兴盛于蒙元时期，这有力地印证了

自西夏以来，藏传佛教在西夏故地的传播和影响是何等的深远。

在明清两代，一百零八塔成为香火旺盛的佛教寺院建筑中心，曾受到善男信女的养护与崇拜。从1962年发掘塔群下河滩上两座小砖塔清理出的残碑上可得印证，残碑文字详细记载了上百年来修塔庙的记录。明清时期善男信女为保护此圣迹，又在其外用砖石包砌修葺，成为一方胜境，仅到近现代才逐渐败落。

"古塔排峦云作阵，长河入峡浪翻空。"一百零八塔以它格局独特、神秘悠远而闻名遐迩。虽然创造了象形文字的西夏王朝只存在了一百九十年，最后在一夜之间消失得无影无踪，但在一百零八塔等硕果仅存的文化遗存上，我领略到了西夏文明的灿烂与伟大。虽然没有人为西夏留下只言片语的历史文献，但这高耸入云的一百零八塔，就是西夏凝固的历史丰碑。

上图　青铜峡地处黄河上游，宁夏平原中部，东临黄河西靠贺兰山，总面积2525平方公里，是尽享黄河灌溉的膏腴之地，素有"塞上明珠"之美誉。青铜峡历史悠久，文化底蕴深厚，不仅是中原农耕民族、草原游牧民族频繁交往之地，还是丝绸之路灵州道必经之地。丰厚的文化遗产构成了青铜峡市独具特色的历史文化资源。丝绸之路灵州道经过晚唐、五代的发展，到宋初已成为一条国际交通线，灵州也成为一座国际交通都市。使这一时期佛教沿丝绸之路得以快速传播，尤其是对西夏佛教文化的发展产生了深远影响。一百零八塔及出土的文物，更说明了佛教在西夏时期的盛行与广泛的传播。

中国规模最大的古代石窟群之一，中华民族文化精神和文化胸怀的象征

014

残破中的华美景致

山西省大同市云冈石窟·丝绸之路

第三次伫立在这里,每一处石窟佛光都让我心潮澎湃。拨开历史重重迷雾,它一直就在那里,不动声色却光彩夺目。一千五百五十年,历经寒暑风霜,风采不减半分,任凭沧海桑田,拜谒仍连绵不绝,这就是云冈石窟。

公元 5 世纪中国石刻艺术之冠

佛教石窟,从古印度到西域和汉地,从苦修之地变成被崇拜之地,从对死的冥想转为对生的沉思。这些伟大艺术的创造者们跋山涉水,在寻觅中体悟宗教的真谛,在建造中奉献自己的虔诚。

云冈石窟坐落于山西大同西郊武州(周)山南麓,开凿于北魏文成帝和平元年(460),距今已有 1500 余年历史,是我国规模最大的石窟群之一,这是北魏王朝定都平城(大同)之后精心打造的皇家佛教圣地。从北魏文成帝复法启开凿之始,到北魏正光年间终结,营造这片盛景大致历经近 70 年之久。而如今,透过 45 个主要洞窟、209 个附属洞窟、1100 多个佛龛、18000 余平方米雕刻,我们依然能够感受到扑面而来的恢宏与雄浑。

盛大之外,匠心别具。大大小小的五万余躯造像,最高者 17 米,最小者仅 2 厘米。历经万千磨难雕凿的造像,那是历史的模样。令人惊叹的不只是石窟艺术上的登峰造极,更有历史、建筑、绘画、雕塑、音乐等内涵与形态的徐徐铺展。

云冈石窟造像以气势宏伟、内容丰富多彩,堪称公元5世纪中国石刻艺术之冠,被誉为世界古代雕刻艺术的宝库。它形象地记录了印度及中亚佛教艺术向中国佛教艺术发展的历史轨迹,反映出佛教造像在中国逐渐世俗化、民族化的过程。多种佛教艺术造像风格在云冈石窟实现了前所未有的融会贯通。它与敦煌莫高窟、洛阳龙门石窟,并称为中国三大石窟。它与印度阿旃陀石窟、阿富汗巴米扬石窟,并称为世界三大石雕艺术宝库,也是当之无愧的世界文化遗产。

开启印度佛像中国化起点

云冈石窟按开凿时间先后可分为早、中、晚三期,各期石窟造像风格各异。早期的"昙曜五窟"(第16-20窟)气势磅礴,具有浑厚、纯朴的西域情调。中期的石窟则以精雕细琢、装饰华丽著称于世,显示出复杂多变、富丽堂皇的北魏时期艺术风格。晚期窟室规模虽小,但人物形象清瘦俊美,比例适中,是中国北方石窟艺术的榜样和"瘦骨清像"的源起。石窟中留下的乐舞和百戏杂技雕刻,也是当时佛教思想流行的体现和北魏社会生活的反映。

如果说敦煌莫高窟看壁画、彩塑和藏经洞,洛阳龙门石窟看造像题记和碑碣,那么云冈石窟的看点又是什么呢?云冈石窟是印度佛像中国化的起点,雕刻技艺继承和发展了我国秦汉时代雕刻艺术的优秀传统,又吸

取和融合了犍陀罗和波斯艺术的精华。石窟造像体现了我国北方各民族的精神风貌和传统艺术精髓,以粗犷、雄浑、朴实、大气的艺术特征,堪称中国佛教艺术第一个巅峰期的经典杰作,代表了5世纪世界美术雕刻的最高水平。其中最能代表云冈艺术之精华的是开凿最早、气魄最宏大的"昙曜五窟"。

在中国历史上,大同曾一度成为华北地区的政治、经济乃至文化中心。4世纪时中国北方地区还处在五胡十六国的混沌之中,此时在北方草原兴起的鲜卑族拓跋氏的首领拓跋珪,将都城从内蒙古盛乐迁到平城,即现在的大同,由此翻开了大同城市发展史上重要的一页。位于大同市西郊16千米的武州山南麓,处于内蒙古到山西的交通要

① ② 云冈石窟作为中国第一个皇家授权开凿的石窟,反映了北魏王朝的政治雄心。与我国诸多石窟寺比较,云冈石窟最具西来样式,即胡风胡韵最为浓郁。其中既有印度、中西亚艺术元素,也有希腊、罗马建筑造型、装饰纹样、相貌特征等等,反映出与世界各大文明之间的渊源关系,这在中华艺术宝库中是独一无二的,对后世中国文化艺术的发展具有重要意义。

道，即盛乐到平城的必经之路上。

北魏（386—534）在建国初期，频繁进行大规模的徙民活动，随着北魏统一整个北方地区，不计其数的百姓从华北、关中及河西等地区来到平城。这些人中间有不少是佛教信徒，如侍奉道武帝和明元帝的道人统法果出生于河北赵郡，文成帝时期的道人统师贤、沙门统昙曜等来自凉州。在这些高僧的引导下，北魏皇帝崇信佛教，法果提出"皇帝即当今如来"的思想。在北魏统治阶级和佛教集团互相依靠的关系之下，佛教得到北魏皇室的保护。其间虽经受过太武帝的灭佛，但文成帝即位之后立刻复佛，其发展趋势马上超过了灭佛前的程度。在此背景下，沙门统昙曜主持开凿了云冈石窟。

昙曜，少年出家，原是凉州（甘肃省武威市）的高僧，到达平城后受到太子拓跋晃的礼遇，开始管理众僧。太武帝灭佛时，他逃离了平城。文成帝兴佛后，昙曜成为管理全国僧尼事务的"沙门统"。昙曜是以禅业著称的高僧，在文成帝的赞同下，选择了武周山南麓这块幽静之处进行开窟修禅。从460年开始，昙曜组织了开凿石窟的建设，西区五处石窟就是著名的"昙曜五窟"。

"昙曜五窟"，北魏石窟艺术巅峰

"昙曜五窟"开凿于460至465年间，是云冈石窟的第一期工程。五个石窟中央都雕刻了巨大的主尊如来佛像，象征了北魏五朝的五代皇帝，从第16至20窟依次为道武帝、明元帝、太武帝、景穆帝（未继位）、文成帝。造像高大，面相丰润，高鼻深目，眉眼细长，双肩齐挺，显示出一种劲健、浑厚、质朴的造像作风，有着北魏鲜卑族强悍健壮的民族特色。

第16窟主像为释迦立佛，高13.5米，波纹状发髻，清秀俊逸，面相清秀，英俊潇洒，身着厚重的毛毡披，胸着佩结带，大裙齐胸，立于莲花座上，显示出道武帝拓跋珪征服鲜卑诸部、建立北魏王朝的英雄气概。佛像身穿褒衣博带式袈裟，胸前结带下垂，属北魏太和年间推行汉化时的服制。这种着衣形式称为"双领下垂式"或"中国式袈裟"。

第17窟主像是交脚弥勒佛，高15.6米，头戴宝冠，胸佩蛇饰及短璎珞，臂着钏，斜披络腋，束腰收腹，下穿羊肠长裙，狮子座，具有浓郁的异域情调。窟小像大，表现出明元帝拓跋嗣盛气凌人的样式。

第18窟三世佛立像，高15.5米，主像身披千佛袈裟，安详沉静地站立在二佛之中。释迦立像暗示了曾经灭过佛的太武帝拓跋焘，从面部表情露出一种忏悔的神态。

第19窟主佛像结跏趺坐，高16.8米，是云冈石窟中第二大佛。三世佛主像面容慈祥，端庄稳静，是景穆帝拓跋晃的象征。佛像耳轮齐肩，下颌崩毁，举右手，肘下有一小柱支撑。三世佛主像衣纹简洁明快，轻薄贴体，袈裟边饰折带纹。窟外东西各开一耳洞，内一倚坐佛像。这种分窟安置三世佛的布局

设计，既有变化，又显庄严，是北朝石窟形制的新创举。

第20窟正中的这尊露天大佛是释迦坐像，高13.7米。这尊佛像面部丰满，深目高鼻，眼大唇薄，大耳垂肩，两肩宽厚，造型雄伟，气魄浑厚，为云冈石窟雕刻艺术的代表作和文化符号。这尊露天大佛是文成皇帝的象征，他恢复佛法，开凿云冈石窟，大佛的嘴角微笑神态，表现出佛教徒对他的敬意。大佛的衣纹呈阶梯状排列，线条简洁，显示出一种粗重厚实的质感，反映了犍陀罗造像和中亚牧区服装的特点，无论从哪个角度看，这尊大佛的嘴角始终呈现微笑状。

"昙曜五窟"佛教造像艺术在吸收、保留外来佛教造像仪轨的同时，又运用了中国人的理解与雕刻方法，赋予佛像以鲜明的"形"和"气"，提升了佛教造像的精神内涵，也为隋唐时期佛教造像发展奠定了坚实的基础。"昙曜五窟"，佛教造像是与印度佛教不同的"中国佛教艺术"的开创，代表了我国北魏时期造像艺术的巅峰水平。

自古以来，文化是世界各民族沟通的桥梁。鉴真东渡、玄奘西行、班超出使西域、郑和七下西洋……中华文明以海纳百川、开放包容的胸襟，不断吸收借鉴域外优秀文明成果。如果眼光放至更广阔的地理坐标，云冈石窟就是不同文明交流融汇的结晶。其雕塑既有印度、中西亚艺术元素，也有希腊、罗马建筑造型、装饰纹样、相貌特征等，体现了多种佛教艺术造像风格的融会贯通。

中华灿烂的历史遗存中，不但蕴含了具有当代价值的哲学思想、人文精神、价值理念、道德规范等，更展示了中华民族的文化精神和文化胸怀。云冈石窟，永远是中华文化辉煌的黄金年代的杰作。

上图　云冈石窟是中外文化交流、碰撞、融合诞生的伟大艺术宝库，其背后是一部厚重的中华文明演进史、民族融合发展史和劳动人民创造史。在加强保护的基础上，不断探索文物活化利用有效途径，让中华优秀传统文化焕发出更加蓬勃的生机与活力。

折射出中国古代中西方雕塑艺术合流的轨迹与成就

015

疑是神祇落人间

山西省晋城市·丝绸之路

面对眼前的雕塑，我除了震惊，还有震撼。无法想象，在 700 年前的金元时期，竟有如此高超的雕塑技艺；难以置信，在这太行山西麓的小城，竟会藏匿如此精美绝伦的彩色雕塑。

通过近年来专家学者的考古研究，最终认定我面前的雕塑是中国元朝历史上一位杰出雕塑大师的代表作品。他叫刘元（又称刘銮，约 1240—1324），他的作品使元代的雕塑艺术达到了巅峰，并一直被后代当作鉴别元朝绘画、塑像乃至古建筑的范本。

刘元是天津宝坻县刘兰庄人，一生从事雕塑艺术近六十年，其足迹遍及山西、内蒙古、河北易县和固安县。在北京白云观、广济寺、京西翠微山大悲寺，天津市宝坻县广济寺（三大士像）及东关外的东岳庙，均留有作品。刘元喜欢在每个神像的身上，在不同的位置都附塑着一个不同的小动物，使得神像形象生动，令人叫绝。

刘元塑像自吸收印度、尼泊尔的造像手法之后，雕塑技艺炉火纯青，几乎件件都是精品。根据史料记载，刘元作品的特点是造型精美，比例匀称，面部表情神气而生动，丰富而深刻。塑像腰部细长，希腊鼻子，栩栩如生，不流时俗。可惜的是，刘元的塑像传到后世的极少。

山西晋城玉皇庙是古代泽州规模最大、影响最广的道教庙宇，也是华北地区至今保存最完整的一座道教宫观。玉皇庙珍藏有宋、金、元不同时期的彩塑，具有非凡的观

赏价值和文物价值，是一座奇特神妙的道教艺术宝库。尤其是二十八宿殿的彩色泥塑，在全国现已发现的古代塑像遗物中尚属孤品，反映了中西雕塑艺术合流的轨迹，是中国古代雕塑艺术现实主义与浪漫主义完美结合的范例，代表了中国古代雕塑艺术的最高成就。

玉皇庙位于晋城市区东北13千米的泽州县府城村北山岗上，创建年代不详，据庙内现存明代碑刻记载："隋时居民聚之北阜，建庙宇三楹，内绘三清神像。"北宋熙宁九年（1076）玉皇庙在原址上重建，题名"玉皇行宫"。金泰和七年（1207）玉皇庙庙宇多数坍塌，当地民众曾集资修复。金贞佑年间

（1214—1216），玉皇庙部分毁于兵火。元至元元年（1335）玉皇庙又重建。明清两代屡次修葺，始成今日规模。现存主要建筑玉皇殿建于宋，汤帝殿建于金，后院左右垛殿和东西配庑为元建，余皆明清所筑。

二十八星宿原是中国古代天文学上用来观察天体经纬度和四季运行的二十八组赤道星座，道教崇拜星宿，唐代初年的五行

① ②

① ② 晋城玉皇庙是第三批全国重点文物保护单位，殿堂内保存的历代彩塑神像，雕塑技术精湛，为国内所罕见，是雕塑艺术的宝贵遗产。其中二十八宿彩塑更是中国古代雕塑艺术现实主义与浪漫主义完美结合的优秀范例，在全国也是独一无二的绝品。

学家袁天罡将二十八宿的每一宿按木、金、土、日、月、火、水的顺序与一种动物相配，创造出了二十八星宿这些神话人物。道家认为，二十八宿是宇宙间的最高主宰元始天尊的侍从，各自主持着人世间的不同事务。而玉皇庙中的二十八宿星君神像是人物和动物形象的结合，这在中国还是首例。

道教是中国的本土宗教，造像艺术在很大程度上与佛教相互影响。但道教造像品味更趋于世俗化和民间化，少了一份佛教造像中的那种超脱的神圣感，更富有人的情感和亲和力。玉皇庙的二十八星宿等塑像就成功地展现了仙和人的重叠，更具普通人的情感世界，艺术感召力也就更突出。

① ② 玉皇庙的二十八宿塑像，体现了中西方文明与艺术的交融互汇。塑像推断为元代大雕塑家刘銮的作品，其特点是希腊鼻子，腰部细长，面部表情丰富而深刻。不仅对元之后的古代雕塑产生过重大影响，而且对当今雕塑艺术的研究和发展具有重要意义。世所罕见，当属全国文物之冠，国内现存仅此一处，堪称国宝。

刘元凭借着丰富的想象力和聪明才智，第一次将天文学中观察天体运行、四季变化、经纬定位的28组赤道星座与唐代五行家袁天罡确定的21种动物同金、木、水、火、土和日、月融合于人，创造出有血有肉的"虚日鼠""房日兔""轸水蚓""亢金龙"等各种神话人物形象。

在这些人格化了的天界神灵中，作者把老者的慈祥、妇女的端庄、文官的稳重、武士的威猛，均刻画得栩栩如生。再加上塑像本身的大动作之体态以及衣纹彩带的飞舞飘逸，不仅充分显示出神仙们超凡脱俗、仙风道骨的外貌特征，而且使全殿彩塑产生了气势磅礴、呼之欲出的艺术效果。

星宿殿里狭长幽暗，二十八星宿塑像靠墙而坐。定睛细看，眼前一片精彩。这不仅是登峰造极的雕塑艺术作品，同时也暗合很多未解的神秘寓意，他们简直就是一群来自外星球的神秘人形生物，无法用地球语言表述。

那尊令人惊慕的女神叫"虚日鼠"，眼前的她比画册上的照片更给人以强烈的冲击力。乍看上去，仿佛一位宫廷贵妇端坐窗边，嘴唇微抿，眉宇祥和，似在静思，又似在期待，给人一种高雅淑娴之感。她右手托着一只老鼠，左手似在暗示着什么。

玉皇庙里二十八星宿塑像中，带"水"字和"金"的都是女性形象，多宁静如水的神态，充满女性的温柔，如"箕水豹""轸水蚓""参水猿""壁水貐"以及"牛金牛""娄金狗"和"鬼金羊"等。

居南方位的"轸水蚓"，星座是轸，属水，与蚯蚓相配，其形象是一个秀美俏丽的妇人。她微翘着"兰花指"，捏着一条蚯蚓，形象柔媚可亲。唯"独亢金龙"例外，她虽是女性形象，但形象却与其他女性迥异不同。只见她怒发直立，冷眼肃穆，一派"威临天下，舍我其谁"的气势。

带"火"字的四尊塑像"尾火虎""室火猪""觜火猴"和"翼火蛇"都是男性武士，赤面直发，双目圆睁，通过脸部手部的夸张变化，张扬勇猛气概。西方七宿第三宿"胃土雉"的形象为一老者，头戴巾帕，面带笑意，眉宇间充满睿智与豁然。

东方七宿第四宿"房日兔"的形象为中年男子，面白如玉，恭谨儒雅，右手托月，月中绘一飞燕。在小说《封神演义》中，"房日兔"叫姚公伯，在万仙阵中阵亡，后被封为二十八星宿之一。

昏暗破旧的星宿殿内，人仙交织，亦真亦幻，我仿佛也飞升九霄，与仙同在。造神，是人类历史中一项最虔诚的事业。面对大自然的种种怪异，就在举手过头和双膝触地的瞬间，无数的神灵便飞升出来，落座在辉煌宏伟的庙宇殿堂之中，扎根于人们恭顺惶惑的心底。

承载着丰厚的历史资源，北京城历史文化地标

016

卢沟晓月照大川

北京市丰台区·丝绸之路

这一座名闻中外的古石桥，承载着丰厚的历史资源，不仅是北京城现存最古老的石造联拱桥，是中西方文化交流互鉴的见证，也是中华民族脊梁的象征。1937年7月7日，日本侵略军在此发动全面侵华战争，史称"卢沟桥事变"（亦称"七七事变"），中国抗日军队在卢沟桥打响了全面抗战的第一枪。这座古石桥就是被元代意大利旅行家马可·波罗盛赞为"世界上独一无二最美之桥"的卢沟桥。

卢沟桥也称"马可波罗桥"

"离开都城，西行16千米来到一条河流，它名叫永定河，蜿蜒流入大海。河上舟楫往来，帆船如织。它们运载着大批的商品。河上架有一座美丽的石桥（即卢沟桥），这也许是世界上无与伦比的大石桥。桥长三百步，宽八步，十个人骑马并肩而行，也不感觉到狭窄不便。桥有二十四个拱门，由二十五个桥墩支立水中，支撑着桥身；拱门用弧形的石头堆砌而成。显示了造桥技术的高超绝伦。"

"桥身两侧，从头至尾各有一道用大理石石板和石柱建成的护墙，造型手艺极其高明。桥身引桥部分有一道斜坡比桥面略宽；一到坡顶，桥的两侧便呈直线伸展，彼此平行。在桥面的拱顶上，有一个高大的石柱，耸立在大理石雕成的乌龟上，靠近柱脚处有一个大狮子像，柱顶上也有一个狮子。在桥面斜坡地方，另有一个雕有狮子的极其雅观的石柱，和前一个柱子相距一步半。桥上各个石柱之间都嵌上大理石板，上面镌刻着精巧的雕刻，使整座桥气贯如虹，蔚为壮观。这种护墙是为了防止旅客偶然发生失足落水事故而设置的。"

上述两段文字来自《马可·波罗游记》第二卷第三十五章中的描述。正是因为通过马可·波罗的介绍，西方人开始认识卢沟桥。

② ① ② 卢沟桥自古为"畿辅咽喉"，更是北京历史的重要原点。著名的世界旅行家马可·波罗说：卢沟桥，是迄今为止世界上最好的桥。当然，这个"迄今"是指马可·波罗生活的时代。站在中国历史文化的角度，卢沟桥在辽金时期，作为中原、山西一带进京咽喉要冲，其重要价值不言而喻。直至民国年间，卢沟桥仍是第一等的交通要道。在长达千年的历史发展过程中，卢沟桥一带一直是店铺林立、车水马龙，是中外商贸文化交流互鉴的必经之处。

马可·波罗于 1254 年出生在意大利威尼斯，17 岁那年随全家经陆路到中国经商。他们在汗八里（突厥语，指元大都、现北京）见到了登上帝位不久的元太祖忽必烈。元大都城市的布局和管理、宏伟的宫殿及社会道德风俗习惯等，都给初到中国的马可·波罗以强烈的印象，特别是城郊一座长而华美的古石桥卢沟桥，被马可·波罗誉为"世界上最好的、独一无二的桥。"这座桥因此而被西方后世称作"马可波罗桥"。

见证卢沟渡口的黄金时代

作为中国古代北方最大的石桥，卢沟桥位于北京广安门外西南，横跨于永定河上，十一个拱券洞门悠然横卧在波澜之上，雄浑优雅，古朴端庄，建筑特色与艺术审美兼而备之。

老北京城无论是燕国的蓟城，还是辽代的南京，城市规模和交通建设都有了长足的发展，卢沟渡口的重要地位与日俱增。但当时卢沟河水非常浑浊而且湍急，来往商客每年要根据水位深浅，选择合适的地点搭建临时桥梁。"过卢沟河，水极湍激。燕人每候水浅深，置小桥以渡，岁以为常。近年，都水监辄于此河两岸造浮桥。"这是宋朝使臣许亢宗在 1125 年出使北国时记录的《宣和乙巳奉使行程录》中有关卢沟渡口的一段文字。

1153 年，金中都作为北方政治中心，进出都城的唯一门户 —— 卢沟渡口，仍沿用临时木桥或浮桥，显然已不能适应当时的国情。从金大定二十九年（1189）至明昌三年（1192），在卢沟渡口建造了一座永久性大石桥，名叫广利桥，这就是中外驰名的卢沟桥。

卢沟桥全长 266.5 米（桥身 213.5 米，两端雁翅各 26.675 米），桥两侧雁翅桥面呈喇叭口状，入口处宽 32 米，桥身总宽 9.3 米（含地栿、仰天和栏杆），桥面宽 7.5 米。有桥墩 10 座，共 11 个桥孔，全以白石建造。两侧桥栏有石雕栏板 279 块，望柱共 281 根，南侧有望柱 140 根，北侧有 141 根。每根柱头均雕有大石狮，共 281 个。大狮身上有小狮 198 个，顶栏上 2 个，华表上 4 个，大小总计 485 只。桥两端东有石狮，西为石象，紧抵桥头望柱。

卢沟石桥造型美观，结构严谨而奇特。仅以联拱为例，我国古代联拱石桥大多为半圆形拱，如苏州宝带桥、江西南城万年桥、河北井陉石桥、北京金鳌玉蛛桥、颐和园十七孔桥等，拱券矢跨的比率都维持在一比二左右。但像卢沟桥这样矢跨比率在一比三点五以上的古代联拱石桥，这在中国非常少见。

卢沟桥桥墩设计颇费周章，平面呈船形，迎水面砌为分水尖，还在每个分水尖上各安置一根边长约二十六厘米的三角铁柱。尖部迎击流水、冰块，使桥墩得以妥善保护。至今，分水尖和桥墩还很完整。当地百姓为三角铁柱起了个响亮的名字——"斩龙剑"。再汹涌的洪水遇此便锐气顿减，不敢兴涛作浪，只得驯服地从桥下穿过。

昔日每当斜月西沉之时明月倒映水中，更显明媚皎洁，所以"卢沟晓月"从金章宗年间就被列为"燕京八景"之一。1698 年重修时，康熙帝下旨在桥西头立碑，记述重修卢沟桥之事，并在桥东头立有乾隆帝亲笔题写的"卢沟晓月"碑。

"卢沟桥的狮子数不清"

明代北京城民间流传有"卢沟桥的狮子一数不清"的歇后语，不仅石狮数量多，而且造型精美。总体来说，卢沟桥上的 501 个石狮子历经金、元、明、清、民国、新中国各个时期的修补，融汇了各个时期的艺术特征，成为一座自金代以来历朝石雕艺术的博物馆。

金元时期的石狮身躯比较瘦长，狮子头比例特别大，面部较窄，嘴巴上翘且微微张开。总体雕刻狮嘴中间不镂空，类似一种假的张开。狮腿也特别短，前腿上还有鳞状盔甲纹。头上卷毛不甚高凸，作全神贯注状，颈部系带飘逸，头前悬挂一个小铃。

明代的石狮身躯稍微粗短，或足踏绣球，或足踏小狮，或身上有小狮。狮子嘴部张开，舌头向上舔着，嘴方且大，中间镂空。清代的石狮突胸张嘴，雕刻细腻，身上间有小狮，颈下有一宽大的系带，卷毛非常高凸。

雕刻的纹路比较深，神情表现主要在脸部，眼睛拉长，眯缝着眼，狮子看上去不像以前那么凶猛。狮身上的花纹，包括铃铛上的花纹，都雕刻得相当细腻。

清末至中华人民共和国成立前的石狮外表甚新，雕刻比较粗陋，狮子后头卷发变大。以往的石狮都是九圈十圈，现在就一圈两圈。狮嘴、鼻子、眼睛也雕刻得不深了，明显有一种随意性，也没有什么比例。选用石质颜色不一，反映了这一时期社会政治、经济等方面的动荡和萧条。

据统计，自明永乐十年（1412）至清光绪年间，卢沟桥约计修缮达十三次之多。光绪驾崩后葬于西陵，殡葬过卢沟桥，因桥面过窄，又重新加修。卢沟桥真正获得新生，还是在新中国成立以后。政府把卢沟桥，还有与其毗邻的宛平县城一起，列为国宝单位，对卢沟桥桥面、栏杆、狮、亭重新修整，

尤其对石狮子进行了多次大修或翻修。但在修缮时没有按照原来的数据去翻刻，石料选择的标准也不同，有好有坏，参差不齐，此为憾事。

今天，卢沟桥以古老而刚毅的容颜，矗立在北京城外。站在卢沟桥上放眼望去，周边的宛平城、中国人民抗日战争纪念馆、永定河河渡码头、平汉铁路桥遗址、抗战雕塑园等，与卢沟桥一同构成了一幅壮观的历史文化图卷，它犹如一座历史丰碑，永载中华民族的光辉。

① | ②

① ② 卢沟桥作为中国历史上重要的桥梁，承载了丰富的建造渊源和历史意义。它不仅是巧夺天工的艺术之桥，也是交通和经济发展的纽带，中外经济文化交融互汇的枢纽，更是抗日战争的象征和民族团结的见证。今天，卢沟桥作为一个历史文化遗址，向人们展示了古代桥梁建筑的魅力，同时也让人们缅怀历史、珍视和平，并铭记那段艰苦抗战的历史。

记录和见证北京千年中外文化交流史

017

燕京大地桑莲传声

北京市海淀区等·丝绸之路

"桑莲"，在很多时候被中西方学者用来比喻丝绸之路上中西方技艺和文化的传播。"桑"，指中国是最早采桑养蚕和缫丝织布的国家；"莲"，为佛教常用物，佛教正是通过丝绸之路传入中国。这两个字，一进一出，代表了中西方的能工巧匠们用他们精湛的技艺成就了多元文化的姹紫嫣红，成就了丝绸之路的辉煌。

法海寺：翠微山麓书传奇

北京西郊有一处小殿宇的门票价格贵过故宫，参观需要预约，因场次与人数的限制还不一定能如愿，这就是位于北京石景山区模式口翠微山麓的法海寺。明代宫廷壁画是法海寺的镇寺之宝。

法海寺大殿前有两株据说是北京城年代最久的白皮松，印证了法海寺的悠久历史。有史记载，法海寺兴建于明正统四年（1439），于明正统八年完工，修建者是明英宗朱祁镇的近侍太监李童，由当时汉藏两族官员共同设计修建，投入了大量的人力物力。英宗皇帝朱祁镇还亲自赐予法海禅寺的匾额。

法海寺壁画能完整保存至今，实属奇迹。康熙十八年和雍正八年，京师曾遇两次大地震；民国时期，法海寺曾被士兵和乞丐占据；日军侵华期间，山上松柏被砍光，药师殿和天王殿也相继倒塌。但神奇的是，在这些变故中，法海寺大雄宝殿与其中的壁画却一直完好无损。

经过500多年漫长岁月，法海寺大雄宝殿的六面墙壁上，至今完整地保留着九幅极其精美的明代壁画。1988年，法海寺与圆明园遗址等同时被列入国家重点保护文物。可在世人的印象中，法海寺多少有些默默无闻；而知道寺中有精美绝伦壁画之人，更是少之又少。

我来到法海寺已是夕阳西坠，还好赶上了下午3时50分最后一场参观场次。壁画分布在法海寺大雄宝殿北墙门的两侧、中佛像座龛背后和十八罗汉身后两面山墙上，壁画总面积达230余平方米。这是中国现存元、明、清以来由宫廷画师所作为数极少的精美壁画之一，也是北京这座历史文化名城所保存的古代壁画中的杰出代表，与敦煌、永乐宫壁画相比各有千秋，并可与欧洲文艺复兴时期的壁画相媲美。徐悲鸿、叶浅予等著名画家认为，从法海寺壁画艺术、规模、完整程度和壁画制作工艺、绘画技巧、人物造型及用金方法等多方面综合论证，法海寺壁画堪称我国明代壁画之最，堪称"国之瑰宝"。

法海寺明代壁画所绘帝王气宇轩昂，神态威严；妇女则仪容丰满、美丽、温柔；至于天王、金刚和力士，不仅绘出了勇猛威武的神态，而且还充分表现了皈依释迦如来佛的无限虔诚。壁画的人物服饰和装束华丽多彩，千姿百态。妇女梳各种样式发髻，戴各式首饰、璎珞、钏镯和花朵；男人穿戴不同式样冠帻、衣衫和盔甲，衣服上绘团凤、龟

背、团鹤、宝相花、菊花和凤戏牡丹等图案；童子则梳发辫，活泼天真。

　　法海寺壁画具有工丽谨严而兼奔放洒脱的特点。它的艺术气派是由画家们高度熟练的技法与坚韧不拔的付出获得的。它放纵得那样豪迈，高达一百六十厘米的人物，长达九十厘米的衣纹线条往往一气呵成，中间毫无停滞犹豫的痕迹；它收敛得又是那样谨慎，轻描细染，在不足方寸之间镂绣出间不容发的花纹，画师的修养达到了"静如处子，动如脱兔"的境界。

　　法海寺壁画沿用了重色的技法。较多地使用朱砂、石青、石黄等，特别在人物的璎珞、钏镯、铠甲、兵器，以及各处裙带上，大量使用"描金"和"沥粉贴金"的方法，这在

国内现存的古壁画遗迹上，其金碧辉煌的气氛达到了无以复加的地步。许多地方还使用了多层"叠晕"和"烘染"的手法，更增加了画面的美丽华贵之感，充分体现了画工们非凡的艺术才能。

　　法海寺耸立的一块明正统九年（1444）甲子冬日太监李福善等立的楞严经幢上，记

上图　　北京是明代的都城，也是中原东西文化交汇要冲，法海寺就坐落在北京西郊，是有皇家背景的寺院。壁画呈现了明代宫廷文化，宋元美术遗风，汉藏文化交流，中外文化交流，儒释思想融合的丰富图景。其中大雄宝殿北壁的《帝释梵天礼佛图》中的二十诸天图像中，包含着典型的明代宫廷艺术特征，注重写实性，叙事性，政治性等。画面中华丽的服装，服饰上丰富的装饰性花纹，璎珞，外来猛兽又是明代海上与陆路丝路贸易产生的物质生活改变缩影。

载了这些精美绝伦壁画的作者，除了有瓦匠、石匠、雕花匠、妆艺匠、嵌金匠等各色工匠的名字外，还有捏塑官陆贵、许祥，画士官宛福清、王恕，画士张平、王义、顾行、李原、潘福、徐福要等人的题名。经幢是法海寺修建完工后第二年所立，为工部营缮所副京口陈敬所书，幢上所列人名无疑都是当时工部营缮所所属来修建法海寺的工匠。由此可知，法海寺这些精湛的艺术杰作，就是这些画士官和画士所绘。

如果将法海寺明代壁画与山西芮城永乐宫元代壁画进行比较，法海寺壁画在规模、力度、气势上不如永乐宫壁画，但在人物刻画、图案精微多变、多种用金方法等画工技巧方面，法海寺壁画比永乐宫更胜一筹，在壁画制作工艺上也达到了新的高度。

敦煌壁画是中国现存规模最大、内容最为丰富的古典文化艺术宝库，时间自公元6世纪发展至清代，可以说是连绵不绝，但唯独缺少明代的壁画。北京法海寺壁画以其精湛的绘画艺术、高超的制作工艺和鲜明的时代特色弥补了这一缺憾。

如果再把法海寺壁画与欧洲文艺复兴时期的壁画相媲美，两者在世界同期壁画中各表一枝，都占有突出地位。特别在壁画制作与保存技法上，欧洲15世纪的壁画多有不同程度的脱落和剥裂，而法海寺壁画画面基本完好如初，其珍贵程度可想而知。

参观结束时已夜幕降临，深谷的寒风扑面而来，但我的心头却格外的明亮和温暖。

真觉寺：来自古印度的金刚宝塔

明永乐初年（1403），一位名叫班迪达的印度僧人沿古丝绸之路，从西域来到京城，向明成祖朱棣呈献了五尊金佛和印度式"佛陀伽耶塔"，即金刚宝座的规式。明成祖与他谈经论法十分投缘，封他为大国师，授予金印，并赐地于西关（今西直门）外长河（今高梁河）北岸为之建寺。

北京的秋天，无论是黄灿灿的银杏，还是红艳艳的黄栌、红枫，都是不可多得的美景，如果再配上蓝天白云，无疑就是一幅美妙动人的图画。

北京西直门外白石桥以东有一处大隐隐于市的秘境——五塔寺。这里平日里听不到汽车的鸣笛，也没有嘈杂的人流，一切喧嚣与热闹仿佛都与此无缘。

但是一到秋风乍起，这里原本静谧的境界就被打破，摩肩接踵的人流将原本不大的寺院挤得满满当当。爱秋之人从四面八方汇集于此，都冲着寺中两棵巨大的古银杏而来。它们为明代建庙时所植，距今已经六百多年，且仍然枝繁叶茂。金秋时节，满树黄灿灿的叶子遮天蔽日环绕着古寺，金刚宝塔笼罩在一层金光里，华丽庄严，古朴精美，成为京城著名的秋景之一。

北京西直门外有一条小河叫高梁河，千百年来，这条长河承载着北京城的悠悠岁月，缓缓流淌，北京人把它称之为"母亲河"。

以前明清皇族前往京西，大多走这条水

路。当时沿河两岸,分布着大大小小108座寺庙。这108座寺庙,隐匿着帝都鲜为人知的过去。沿着河岸漫步,碧水幽幽,波澜不倾,时不时有快艇疾驰掠过,船首犁开的波纹好像拉开了历史的幕布。昔日的晨钟暮鼓大多已无从寻觅,还好历史的光阴总会透出一丝缝隙,就像今天还遗留在长河北岸的五塔寺,让我们看到一丝过去的光影。

一条小道往北延伸,道前两根华表昂然而立,道路两侧卧着几只瑞兽。一踏入真觉寺的大门,仿佛叩开了一扇尘封已久的岁月门扉。门外是闹市,门里是净土。门里门外,是今与昔的接缝,是历史的延续。

到了明成化九年(1473),寺庙始成。前临长河,背倚西山,赐名真觉寺。因高台(即金刚宝座)之上建有五塔,而五塔又被喻为五方佛祖,故真觉寺又俗称五塔寺。建成后的真觉寺成为当时京城士人重阳登高、清明踏青的好去处。

在中国现存为数不多的这类塔中,北京有西黄寺的清净化城塔、碧云寺的金刚宝座塔,而建造时代最早、艺术造型最精美的,要数这座真觉寺的金刚宝座塔。

金刚宝座塔在造型上属于印度形式,但在结构上(如宝座上的短檐、斗拱和宝座顶

下图　真觉寺是国务院公布的第一批国家级文物保护单位,又是明清以来汉藏文化交融的鲜活见证,将汉藏两个民族以宗教为纽带所带来的融合和发展进行描摹,充分揭示了中华民族文化多元一体的格局。

上的琉璃罩亭等），明显地表现了中国建筑特有的传统风格，成为中国建筑和外来文化互相结合的创造性杰作。

真觉寺金刚宝座塔的整体规模比印度的佛陀伽耶大塔的规模略小，但塔的金刚宝座部分却加高了。宝座上的五座塔在高度上相差不大，只是中间的一座塔稍微高了一些，使五座塔的大小比例更为协调。

这五座塔均采用了唐代密檐式石塔的造型风格，并在塔台的出入口处建筑了一座可遮风避雨的罩亭，使罩亭与五座塔自然和谐融为一体，不但没有破坏整座金刚宝座塔的建筑艺术风格，反而使它更具神韵，更加富有中国建筑的特色。

整座金刚宝座及塔身遍饰石刻，浑然为一座大型雕刻艺术宝库，体现了明代艺术家们的雕刻技法，以及他们对石刻艺术的认识和思想，其艺术价值难以估量。真觉寺金刚宝座塔自建成以来，一直受到国内外艺术界的广泛关注，关于此塔的记载连绵不绝，从未间断。就连国外世界美术史教程中，也刊有此塔的照片。

正是由于真觉寺金刚宝座塔在艺术史上有着如此重要的地位，国家在公布首批重点文物保护单位的时候，就将此塔列入其中，后来还以此为核心，专门成立了北京石刻艺术博物馆。

这两株银杏树守望真觉寺六百年，昂首经历着时光的轮回，年年岁岁将金灿灿的叶子铺满成片的树冠，落地遍是黄金耀眼。

它们用华丽的叶脉，为京城最后的秋天送上一抹绚丽的色彩，用满腔的热情温暖清冷的秋季。

天宁寺塔：一座会"讲经"的佛塔

对中国古塔情有独钟的来自苏州大学的张同学近日告诉我，他暑期在北京采风古建一月有余，为硕士毕业论文积累素材，曾三顾北京广安门外的天宁寺塔。

天宁寺塔为什么会在专研中国古建专业的张同学心中有这么重要的位置呢？因为天宁寺塔是中国第一座用具象诠释经义的檐式塔，其宗教意义和建筑艺术的文化及审美价值不可小觑。我在北京期间，曾多次到天宁寺欣赏过这座造型独特的古塔。

作为北京城最古老的寺院之一，天宁寺坐落于北京西城区广安门外护城河西岸北滨河路西侧的天宁寺前街上。天宁寺初建于公元5世纪北魏孝文帝时，原名光林寺。隋仁寿二年（602）改名弘业寺，唐代又改天王寺。清代著名文人、《日下旧闻》的作者朱彝尊在《寓天宁寺诗》说："万古光林寺，相传拓跋宫"。现寺山门前西侧立一大碑，上书"唐代天王寺"。

天宁寺中最重要的建筑是建于辽天庆九年（1119）的舍利塔，一般文献中均称"天宁寺塔"。民国时期，梁思成感于"建筑是凝固的音乐"的说法，曾胶柱鼓瑟地将天宁寺塔"翻译"成五线谱，使舍利塔及天宁寺闻名中外。在辽代，因古契丹人信奉佛教，辽朝利用唐的幽州作为辽的五都之一南京"燕京"，又称为"析津府"，故在燕京广建寺院。天宁寺因位于燕京城的宫城旁，更是大规模地修建一座高大雄伟的砖舍利塔以弘扬佛法。

天宁寺塔不仅是北京最古老的砖塔，还是保存最完好的古塔。到金代，金在辽的燕京正式建都，天宁寺在金中都皇城的宣华门里，是皇城中的唯一大寺。金世宗、章宗时，天宁寺修建得更为辉煌，并改名为"大万安寺"。元初，该寺随豪华的金中都毁于兵火，但唯舍利塔尚存。明初，明成祖下旨重修该寺，天宁寺在明正统年间重修时改名"天宁寺"。明正德、嘉靖年间和清乾隆年间，天宁寺都曾重修。

以前的天宁寺规模宏大，分中路和东西三路，现仅存中路。中路有山门殿（韦驮殿），山门前有高大古槐两株。山门上书"敕建天宁寺"。山门殿内前供弥勒佛，后站持杵韦驮。山门殿后为前院。前院正北为寺的主殿，殿门上书"接引殿"。门前对联东书"金界庄严铃语钟声流静梵"，西题"运台蘸霭香云宝相现慈因"。大殿面阔五间，进深三间。内供接引佛，寓意接引众信徒进入佛门广结佛缘。大殿前有碑刻数方，其中有乾隆年间重修天宁寺碑。接引殿前过去有大殿释迦殿，

下图　天宁寺塔独特的整体造型和局部工艺，充分展现了辽代密檐砖塔的独特风貌，是研究中国古代佛塔建筑不可多得的实物资料。它不仅是佛教文化的物质载体，也是辽代南京城址地理坐标的重要参考，承载着丰富的历史文化信息。

接引殿后为舍利塔院，高大的舍利塔矗立在院中。舍利塔院宽阔，东、西亦有配殿，东为药师殿，西为弥陀殿。塔院后为清幽的四合院"兰若院"。

天宁寺舍利塔为八角十三层密檐式实心砖塔，通高57.8米。砖塔修建在一座巨大的四方平台上。大平台上是两层八角形平台塔基，塔基上为雕有莲花、狮头、佛像、力士等雕刻的莲花座。莲花塔座上为高大的塔门层，塔门层以上为十三层密檐塔层。塔一般为"七级浮屠"，十三层为最高级别，一般为皇家特许。

塔座由两层八角形雕狮和坐佛的基座，以及上带勾栏的平座和三层仰莲瓣座组成。塔身隐作券门，直棂窗并浮雕金刚力士、菩萨、云龙等纹饰，形象生动。十三层密檐紧密相迭，不设门窗，这是典型的辽、金密檐式塔的形式。

此塔造型优美，著名建筑家梁思成先生称赞它富有音乐韵律，为古代建筑设计的一

个杰作。清王士祯《天宁寺观浮图》诗赞云："千载隋皇塔，嵯峨俯旧京。相轮云外见，蛛网日边明。"在辽代建塔时，天宁寺处在当时内城最繁华的市区，这座高近60米的大建筑物，对构建当时北京城的天际线起着一定的作用。

天宁寺塔最初悬挂有铜塔铃，迎风作响，悠扬悦耳，声闻数里，到清代铜铃渐落。《京城古迹考》中记载："天宁寺……据寺僧传册所记，上有铃2928枚，合计重10492斤。风雨荡摩，年深钮绝，见次零落。亦颇残缺矣"。

天宁寺塔的文化价值，主要集中在宗教意义和建筑艺术两方面。其宗教意义在于，中国佛教由魏至唐主流都属大乘派，共形成八"宗"，八宗又分为重经义的显教和重仪轨的密教，以及融合两者的圆教。其中华严宗就是中国自创的一种圆教，所奉经典也引入了《圆觉经》，传法的场所名圆觉道场。

北方契丹人有拜日的习俗，又接受了以毗卢遮那佛即大日如来为主尊的华严教义，经过辽道宗推广，成为辽朝的国教。天宁寺塔就是按照圆觉道场的经义设计场面，一层塔身八面，按圆觉仪轨布置了53个塑像（遗

左图　北京城区现存年代最久远的天宁寺塔，是北京近千年来历史变迁的实物见证，是研究辽南京城、金中都城城址和地理位置的重要依据，是研究辽代建筑和雕塑艺术宝贵的实物资料，也是北京地区现存的精美古塔之一，具有很高的历史文化艺术价值。

失一个），包括佛、菩萨、天女、力士、奴仆，还有狮、象坐骑等，个个生动逼真。

八角塔始见于唐，但在当时都是单层墓塔。辽代突然出现了许多八角多层密檐塔，主要原因是密教在中唐以后受到皇室推崇，以"曼荼罗"（坛城）为修法场所，这是一种呈"井"字分隔，共九个间隔、五个空间的布局，中部为大日如来，其余八处或五处为各种佛、菩萨、明王等驻所。辽代尊崇显密合一的华严宗，密教的曼荼罗也被引入造塔的设计概念。塔下的须弥座、平座和莲台，原为佛座，圆觉道场以塔为佛，所以于其上放塔；十三层檐则来自《华严经》描述的华藏世界第十三层是大日如来驻地，有城郭宫室，因而设计了仿木结构的殿堂构件。所以，天宁寺塔是中国第一座用具体形象诠释经义的中国特色佛教文化的艺术之作。

天宁寺塔辉煌的建筑艺术令人赞叹，平面与高度关系和谐。20多年前有人曾在脚手架上用手工实测通高为55.38米，折合辽宋尺约为185尺，与203尺之差18尺即为清代缺失的塔刹高度。以塔中间（第七层）实测面宽为18尺（5.5米），则八角内切圆周长为135尺，塔高为其1.5倍。这符合辽塔1:1.5的比例，是一种辽代的造型规则，立面各段比例十分协调。据实测，塔下部基座和塔身、中间十三层屋檐、上部塔刹三者比例为1:2:1，这也是控制造型的规则。

天宁寺塔在模数上有独到之处。中国古建筑设计为求得内在和谐之美，又便于估工算料，很早就使用某一构件（如斗栱）或某一部分、某一数值为模数，以其倍数或分数控制造型。天宁寺塔的模数是十尺/三，三分十尺也是中国古代艺术常用的"三分损益"法。天宁寺塔具有韵律。中国古代建筑的韵律俯仰可见，梁思成先生就曾以天宁寺塔为例作出五线乐谱。天宁寺塔外轮廓线条极为美观。天宁寺塔的外轮廓不是简单的直线形锥体，而是继承了魏唐以来丰满的抛物线形，各部分屋檐长度按一定参数略有微差，叫作"收杀"。经考证，这个参数约为0.71，沿用了古人计数"方五斜七"的理念。

天宁寺塔是中国密檐式塔中空前绝后的一座，也是最具文化意义的一座佛塔。古塔历经九百多年风霜雨雪的考验，依旧完整美丽，成为今日北京最珍贵的建筑艺术遗物之一。

大觉寺：京西古刹杏黄千年

"法源寺的丁香，崇效寺的牡丹，大觉寺的玉兰"，法源寺、崇效寺、大觉寺被称为帝都三大花卉寺院，每临花期，游人如织。大觉寺除了古玉兰外，还有一株千年银杏，一树成景，与红螺寺、五塔寺的古银杏一起，成就了京城最浓郁的秋色。

大觉寺又称西山大觉寺、大觉禅寺，位于北京市海淀区阳台山麓，建于辽代咸雍四年（1068），由善士邓从贵捐资建成。大觉寺金代即成为皇家行宫，初时称"清水院"，

是金章宗时闻名的"西山八大水院"之一。明宣德三年（1428）重修后，爱创新的宣德皇帝改其名为大觉寺。这一年，宣德皇帝还铸造了名垂青史的"宣德炉"，这实在是中国手工业发展史、文博史上的大事，称之为"中国之文艺复兴"。大觉寺历经明代万历、成化、弘治年间大修，清代康熙、雍正、乾隆年间扩建，已成为6000多平方米的大寺院了。

在中国，以大觉寺命名的寺院有近十处，如江西资溪的为东晋所建，江西广昌的是宋代所建，福建福州与河南延津的均是唐代所建，河南伊川的是元代所建。另外江苏宜兴和福建晋江都是新建的。但皇家敕建的只有北京大觉寺。

大觉寺名字源于佛教。所谓"觉"者，即觉悟，是佛教参禅悟道的升华，僧俗人等都必须经过"正觉"，以认识事物的本质。经过"便觉"，以传播佛的宗义。经过"大觉"，以领受佛的真谛，从而实现大觉大悟。取"大觉"命名寺院，蕴义高深。

许多雅士香客来大觉寺，除了在无量寿佛殿祭拜"西方三圣"外，就是为寺中的古寺兰香和千年银杏而来。寺中四宜堂内有一株高10多米的白玉兰树，相传为清雍正年间迦陵禅师亲手从四川移种，树龄超过300岁。白玉兰树树冠庞大，花大如拳，为白色重瓣，花瓣洁白，香气袭人。玉兰花于每年的清明前后绽放，持续到谷雨，因此大觉寺玉兰是北京春天踏青的胜景之一。

无量寿殿前左右各栽有一株银杏树。北

上图　大觉寺在历史上对国家统一、多民族国家形成起到了积极推动作用。如今已是博物馆的大觉寺，在历史上曾作为佛教寺院使用。佛教寺院，在古代政治体系中，一直被认为对维护地方稳定、民族团结具有积极意义。曾住持于大觉寺的明初高僧智光法师多次受明皇室派遣，出使乌斯藏（即今西藏地区）及其他地区，以高超学识，折服当地僧众，宣扬圣化。智光的多次出使，为明朝疆域稳定、多民族国家统一，做出了卓越贡献，是明初"广行招谕"方策的积极践行者。

面的一株雄性银杏，为辽代所植，高25米左右，胸径7.5米，距今已有900多年历史，故称千年银杏、辽代"银杏王"。乾隆曾写诗赞誉："古柯不计数人围，叶茂孙枝缘荫肥。世外沧桑阅如幻，开山大定记依稀。"

因为大觉寺悠久的历史和清幽的环境，引得文人雅士与大觉寺结下不解之缘。1929年，作家冰心与社会学家吴文藻在燕园精华之所的临湖轩举行了婚礼，司徒雷登是他们的证婚人。婚礼结束后，他们乘专车来到西山大觉寺，冰心把自己的新婚洞房安排在了寺内禅房。冰心女士非常喜欢大觉寺的清幽，喜欢这里的花草，也喜欢这里高大挺拔的银杏树。他们在这里度过了两天浪漫时光。

郭沫若与大觉寺之渊源，起自故居里的那棵"妈妈树"。1954年，郭沫若夫人患病时，郭沫若带着家人从北京西山大觉寺移走了一棵银杏树树苗，植于当时居住的宅院中。他希望夫人于立群能够像这棵银杏树一样，坚强地战胜病魔。后来在举家搬迁时，这棵银杏树也随之移种在了现在故居甬路的右侧，后来郭沫若一家人都亲切地称它为"妈妈树"。

季羡林先生对大觉寺也情有独钟。1999年，他曾在《光明日报》发表了《大觉寺》一文，不仅表达了他对大觉寺的喜爱和与大觉寺的不解之缘，还表述了他在大觉寺寻找到了自己的净土和桃园。"我常常想到大觉寺，只要有机会，我就到大觉寺来。能够谈得来的一些朋友，我也想方设法请他们到大觉寺来品茗，最好是能住上一夜，领略一下这一座古寺的静谧幽趣。"如今，大觉寺内的明慧茶院雅间里，还悬挂着季老的墨宝。

胡适和朱自清也与大觉寺有千丝万缕的联系。1934年，胡适曾带夫人、儿子和学生等人，坐车同游大觉寺。恰巧的是，相隔一天之后，朱自清夫妇、俞平伯等人也游览了大觉寺。

纳兰性德曾与康熙帝在康熙十八年（1679）五月九日幸视西山，其线路由瀛台到西山大觉寺，走寨口、戒台寺，最后驻跸在潭柘寺。大觉寺清幽的景色深得纳兰性德的欢心，于是他写下《浣溪沙·大觉寺》："燕垒空梁画壁寒，诸天花雨散幽关。篆香清梵有无间。蛱蝶乍从帘影度，樱桃半是鸟衔残，此时相对一忘言。"

人生如梦，逝者已矣。如今，大觉寺的泉水少了，却多了喝茶聚餐的场所。每年春天，玉兰花依然绽放着幽香，一到深秋，千年银杏照例还是金黄一片，但这里还是原先那个"西山八大水院"之一吗？

红螺寺：中国北方佛教发祥地之一

秋已至，身未动，心已远。诗意的金秋，在不经意间点燃了色彩，让每个渴望秋色的人心猿意马，心驰神往。

一到秋天，北京就变成了"北平"。老舍曾说："秋天一定要住北平，天堂是什么样子，我不晓得。但是从我的生活经验去判断，北平之秋便是天堂。"在北京的一年四季中，春天太过干燥而且风大，夏天太过炎热唯见绿色，冬天又太过干冷单调，只有秋天才是燕京最舒服最唯美的季节。

此刻，正值金秋最好的模样，哪一处才是京城赏心悦目的秋意"桃花源"呢？在饱览海淀的香山红叶，欣赏顺义的舞彩浅山，领略密云的古北水镇后，我认为真正撑起帝都一整季秋色的，不是红叶，而是银杏。它们或一雌一雄，千年守望；或一枝参天，孤世独立；或一排排一列列，秋染银黄。你来或不来，银杏的大美，就是帝都无法抗拒的存在。

北京怀柔城北3千米处有一座红螺山，山上有一座红螺寺，始建于东晋咸康四年（338）。红螺寺原名"大明寺"，明正统年间易名"护国资福禅寺"，因红螺仙女的美妙传说，俗称"红螺寺"。红螺寺曾有十方常住寺，是我国北方佛教发祥地和最大的佛教丛林之一，千年来在佛教界中享有极高的地位。我国净土宗最后两代祖师均与红螺寺有缘，有"南有普陀，北有红螺"之说。

红螺寺周边林壑荫蔽，古树参天，藏风聚气，实为一方风水宝地。深厚的历史积淀和文化浸润，奇妙的地理环境和气候条件，成就了红螺山红螺寺一方完美殊胜、绝尘脱俗的"净土佛国"。

庭院深深，秋色绚烂，拾级而上，古寺传来的悠远钟声，让禅院愈发的幽静，让人心如止水。红螺寺山上山下秋意盎然，嫣然如画的色彩自山脚一路向山顶蔓延，为整座大山披上了五彩霞衣，秋色尽染。"山明水净夜来霜，数树深红出浅黄"。 在红螺寺这一道浓郁的秋色里，最壮观夺目的秋色，莫过于耸立于大雄宝殿前的两株千年雌雄银杏。

红螺寺这两株历经沧桑、守望千年的银杏树又称"夫妻树"，树龄已达1100余载，为著名的"京畿三绝景"之一。如今它们早已开枝散叶，子孙满堂。虽然它们相隔数十米，终日面面相望，没有执子之手，但偕老白头，相守相伴了千百年。

相比西边雄树的高大粗壮，东边的雌树则略显清秀婉约。雄树树龄在1100年以上，树高30多米，树围达到7米多，虽逾千年，但生机不减丝毫。树上的黄叶依然挂满枝头，给人"宁可抱香枝上老，不随黄叶舞秋风"的凛然之义。一阵清风拂过，一阵杏叶纷纷扬扬、飘飘洒洒，原本自持的银杏，早已没了往日的矜持。我猜想，可能是这些杏叶急着要叶落归根，直至生命的最后一刻，也要紧紧簇拥着自己的主根，化作魂魄，融入血脉。

这两棵银杏十分奇特，雌株结果不开花，雄株开花不结果。每年春天，雄树开满淡黄色的小花，秋天却不见果实。而雌树每年春天不见花开，但秋天却果实累累。为此清代曾有僧人诗云："红螺寺院两银杏，雌雄异株分东西。西雄开花不结果，东雌无花果实丰。"其实，雄株开花不结果和雌株结果均为正常现象，若说无花，可能是观察错误所致，因为银杏开花本来就不太明显。

都说"独木难成林"，而红螺寺的银杏

雄树却长成"独木成林"之势，它从根部长出了十株直上青天的笔直枝干。当地百姓相传，这株雄树有"帝王树"之象，朝代更替，这棵雄银杏树就从根部长出一个新的支干，现在是一个主干加十个支干。

春天古树吐新绿，夏天枝繁叶茂碧成荫，到了秋天，金黄色的银杏叶把一方寺院衬托得分外辉煌壮观。抬头仰望，风吹叶动沙沙响，数不清的"黄蝶"纷飞起舞，把初冬的红螺寺化为梦幻之地。

此时此刻，只需一个低头，或一个回眸，就可以捕获满目金黄的缤纷景致，让人仿佛置身于美轮美奂的童话世界。如果你想感受不一样的秋色，那么就来红螺寺吧，聆听这一季的诗意秋语！

下图　红螺寺以其丰富的文化内涵而闻名京城。寺庙内收藏了大量的文物和佛教经典，如佛经、佛像、石刻等。这些文物具有很高的历史价值，是中国古代文化的瑰宝。此外，红螺寺还是佛教文化交流的重要场所，吸引了来自世界各地的佛教信徒和学者前来参观和学习。

146

华夏九州之首，丝路东方源头

018

海岱之间唯青州

山东省青州市 · 海上丝路

秋阳杲杲，金风送爽。2016 年的一个秋日，一列满载 88 节集装箱的鲁新欧（青州——中亚）国际班列披红戴花，在港天物流基地人们的欢呼声中鸣响长笛，向着遥远的哈萨克斯坦阿拉木图终点站启动。这是鲁中地区的第一列集装箱国际班列，当国家"一带一路"倡议提出之后，作为"九州之首丝路源头"的青州，终于又一次与丝绸之路握手。望着一路西去的列车，我的思绪仿佛又回到了两千多年前的古丝绸之路源头。

青州："齐纨鲁缟"与"编户齐民"之地

越来越多的史实和文物证明，古代青州地区是中国古代丝绸业最发达的地区之一，不仅是古代中国通过河西走廊连贯西域以及欧洲诸国的丝绸之路的主要源头之一，而且是山东半岛通往日韩等国家的海上丝绸之路（即东方海上丝绸之路，或称为丝绸东路）的首航地。

上古时代，华夏族建国于黄河中下游地区，以为自己居住的地方居于天下之正中，是中原地区，就把国家的名字叫做"中国"，而把它周围的地方称为"四方"。据史书记载，大禹治水的时候，将"中国"划分为"九州"，以表示中原地区的辽阔。司马迁《史记》说："中国名曰赤县神州，赤县神州内自有九州，禹之序九州是也。"后来人们就用"九州"代指中国。"九州"是中国古代中原地区九个行政区域的名称。"九州"的名称说法历来不太一样，一般采用《尚书·禹贡篇》为准，"九州"是指：冀州、豫州、雍州、扬州、兖州、徐州、梁州、青州、荆州。

古时的青州是九州之一，位于山东中部地区，如今是中国数百个县级市之一。中国第一篇区域地理著作《尚书·禹贡》中，有"海岱唯青州"的说法。海指大海，岱为泰山，海岱之间的广大区域，即地理概念上的青州。随着沧海桑田，时代变迁，古城青州见证了这一方土地上历史文化的兴盛辉煌、灰飞烟灭、涅槃重生。但凡到过青州的人，都能感受到这个地方与丝绸之路有着千丝万缕的联系。

夏商时期，青州区域内的东夷部落和"方国"，代表着东夷文化的发展水平。而西周初期东夷部落的最后一个"方国"——莱国被齐国所灭后，其遗民被迁徙到青州西南的淄河河谷。古代青州地区就是东夷文化的主要发祥地。

直至唐中期以前，中国的经济重心一直在北方。山东的农桑生产长期处于领先位置。自周秦以后，一直有"齐纨鲁缟"之说。《汉书·韩安国传》中有言："强弩之末，不能穿鲁缟。"表明山东丝绸精致，生产水平较高。另外，北魏贾思勰著有《齐民要术》一书，这是中国古代第一部系统的农业生产技术著作，在国内外影响巨大。作者即青州人（今寿光），曾任青州太守（当时称高阳太守）。"齐民"，一指青州一带的山东人民，另谓指"平

民"，取"编户齐民"之意。这从侧面印证了古青州的农桑生产技术的领先地位。

古青州还与海上丝绸之路联系密切。古代日本、韩国的使节来华，大都从古登州（今蓬莱）登陆，经青州、曹州、开封、洛阳等地到达长安。青州是重要的驿站之一，除接待

上图　图为青州造像。山东青州，作为古代"九州"之一，拥有悠久的历史和丰富的文化底蕴。自东汉至三国年间，青州一直是当时中国的重要城市，在明朝以前的一千四百多年间，青州一直是山东境内的政治、经济、军事中心。青州也是文化中心。是佛教传入汉地最早的地区之一，留下了大量的珍贵遗迹。青州地理位置重要，位于山东半岛中部，正当山东东西交通、南北交流之咽喉地带，历来为兵家必争之地。

使节外，还有一定规模的物品交换。另外，随着海上丝绸之路的发展，瓷器成为出口之大宗。古青州一带制瓷业亦甚发达。直至今天，邻市淄博的制瓷业仍在全国处于举足轻重的地位。

在20世纪上半叶，青州一带的老百姓利用当地的丝绸资源，通过所谓"背包袱"来到东南亚和南亚诸国，以贩卖丝绸为业。久而久之，许多人就移居当地，成为华侨。时至今日，青州附近的柳疃丝绸仍长盛不衰，在东南亚一带享有盛名。

在华夏五千年的历史长河中，青州迭为名城重镇，在全国有着重要的影响。现在，古城街巷肌理依然清晰，较为完好地保留了古城传统风貌。城内现存古街巷上百条，包括昭德古街，以及东门大街、北门大街、参将府街等，大部分街巷的名称已经延续了几百年甚至上千年。这些民居院落建筑具有宋明时代的典型特征，整体简练凝重大气，又不失细腻奢华，上百处老字号全面地展示了古青州传统的市井风情和社会习俗。

青州在漫长的社会发展过程中，不仅曾作为山东的佛教中心，也曾是伊斯兰教和基督教的重要传播地之一。青州著名的历史文化古街——昭德古街见证着民族宗教大融合。

昭德街区是以回族为主，汉、满、蒙等各民族杂居的居住区。在古街上，常见到戴着头巾的回族女人和汉族女人坐在家门口拉家常。最早来青州的伊斯兰教信徒，可以追溯到唐朝。如今生活在这里的回族人达

到 2 万，他们至今保存着完整的穆斯林生活习俗。漫步在古街的青石板路上，悠扬的诵经声从伊斯兰教堂——真教寺飘荡而出。真教寺是青州伊斯兰教最大、最古老的寺院，始建于元朝。时至今日，这里仍是回族人日常生活中不可或缺的宗教活动场所。

天主教堂和基督教堂位于昭德街区西侧。明朝万历年间，天主教由西方传教士传入青州。1875 年，青州建立了第一个教堂，后不断扩建。1933 年，建青州大教堂，圣堂能容纳 3000 余人，高 35 米，为当时青州最高的建筑物。一直以来，天主教和基督教也是青州不可忽视的宗教信仰，今天的天主教堂仍发挥着重要的作用，展示着这一方水土的深远与厚重、开放与包容。

青州石刻风格：涤荡千年的嫣然一笑

凡有缘相见青州龙兴寺佛教石刻造像的人，大多会被其神态安详的佛像嘴角流露出的那一丝浅浅的微笑所打动，心中的爱即刻被点燃。

时光回转至 1996 年 10 月的一天，青州益都师范新操场扩建工程动工时，地下突现一个惊天秘密，经九天九夜的抢救性挖掘，在地下埋藏了千余年的 400 余尊北魏至北宋时期的佛教造像终于重见天日。这些窖藏佛造像，数量之庞大、雕凿之精美、贴金彩绘保存之完好，为中国文物考古史所罕见，

即被列为国宝级文物，并为 20 世纪中国最重大考古发现之一，西方学者誉之为"一次改写东方艺术史的重大发现"。

这些佛像是中国佛教艺术鼎盛时代的产物，造像年代跨越南北朝至北宋，在一件佛像上发现"北宋天圣四年"（1026）字样，其中又以佛像最兴盛的北魏时代作品为大宗。这些佛像掩埋地下历经十多世纪，大多数仍然保留有弥足珍贵的鲜艳彩绘和贴金，一改过去几十年来人们对于佛教造像均为素面无色的普遍认识。

如今在青州市第八中学运动场一角，矗立着一座石碑，上刻"龙兴寺遗址"。早在南朝宋元嘉年间（424—453），青州龙兴寺只是小型的私人佛堂。经北魏、东魏到北齐时期，青州龙兴寺初具规模，被称为"东方之甲寺"。唐宋时期，随着寺院经济的膨胀，龙兴寺不断地扩大自己的规模，成为等级很高的皇家寺院。宋金之交，朝代更迭，战火连绵，寺院日渐衰落。到明初建藩，青州建齐王府，龙兴寺被毁，地上建筑荡然无存。

待 1996 年龙兴寺窖藏佛像出土之后，山东省考古研究所对遗址进行了勘探，找到了前、中、后三殿相连的王字形殿基平面，经专家确认，亦与史料相吻合，这是古籍记载中的龙兴寺原址无疑。

青州，地处山东半岛，历史渊源可以追溯到 7000 年前，曾经是中国古代九州之一。今天的青州，尚有众多留存至今的历史遗迹，仍在默默叙述着这座古城往昔的辉煌。

青州佛像的出土，又将为我们揭开哪些遥远年代尘封已久的秘密呢？

自佛教从遥远的印度传入中国之后，中国人便开始了创建佛教石刻造像的历史。早

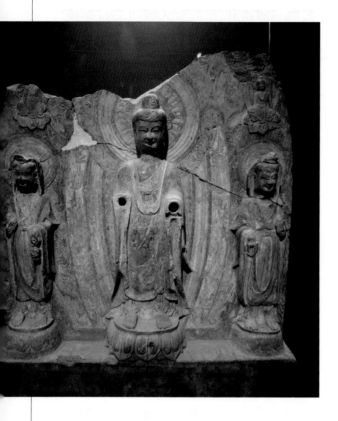

上图　图为青州石刻造像。青州龙兴寺创始于南朝刘宋，历北魏、东魏时期的发展，唐宋是鼎盛时期，于明代洪武年间湮灭。龙兴寺出土的佛教造像的艺术风格与4世纪至6世纪十六国、北魏时期新疆、凉州和云冈模式明显不同，虽与龙门石窟造像艺术风格接近，但形成了独特的"青州风格"。龙兴寺佛教造像具有丰富的历史文化意义，这些形态生动逼真的佛、菩萨像除了见证佛教文化曾经的繁荣，还展现了文化交流的一幕幕场景。中国与印度的文化、南方与北方的文化、汉民族与少数民族的文化、宫廷与民间的文化都在这些佛像上留下或多或少，或隐或显的烙印。

期的佛教造像深受中亚和印度石刻艺术的影响。青州佛教造像中年代最早的是北魏晚期的作品，数量不多，其中绝大多数是带有背屏的造像，佛像大多身材单薄、肩部低垂，是典型的中国汉人的体态。佛像面部的颧骨微微突出，这是中国传统文化中智者的形象，这样的造像风格被称为"秀骨清像"。不仅如此，从印度远道而来的佛像只是到了中国之后，才穿起宽袍大袖褒衣博带的长衫。佛像上的汉化风格是当时北方草原民族建立的王朝普遍汉化倾向的一个缩影。

战乱与分裂，并没有阻断南北朝时期各民族文化的交流，控制北方政权的草原民族开始向南方王朝的汉族文化学习，大规模的汉化运动在北魏孝文帝时期最为活跃。青州自古就地处南北交通的要道，历史上一度从属南朝，南北文化长期在这里交融互汇，在佛教造像上自然响应并且主导了造像的汉化风格。

这种接近汉人体态与中国传统样式的长衫，这种潇洒清秀的佛教造像风格，一直延续到公元6世纪上半叶的东魏时期。但目光投向公元6世纪中期以后北齐时期的佛教造像时，人们突然发现，原先秀骨清像的造像特征，已经被一种新的造像风格所取代。在北齐时期，还有一个显著的变化，那就是背屏式造像构图的程式化和卢舍那法界造像的大量出现。

但在青州似乎是一个例外。青州是古代陆上丝绸之路与海上丝绸之路的重要交汇点，此时的青州已成为中国东部的佛教艺术

中心和造像中心，其造型趋于多样化，题材内容更为丰富，这使得青州佛教造像的艺术风格独特而鲜明。背屏式的浮雕造像几乎消失，而单体的圆雕造像，面部大多丰满圆润，和北魏造像厚重的服饰风格相比，北齐造像表现出了完全不同的审美情趣。所有造像的服饰都轻薄贴体，显露出健康优美的身段，早期从印度传入的艺术风格再次成为主流。

此时，青州石刻造像风格已初见端倪。在风格表现上，造像头部造型由早先犍陀罗式的造像特点，逐渐变化为肉髻微凸、面相圆润、略显长形。在艺术造型上，造像已没有早先佛教石刻的那种高肉髻、眼睛曲张较大、脸面方形的特点，肩宽胸硕而腹细，整个造像上下呈圆筒状，全身服饰轻薄贴体，充分将身体的线条勾勒得清清楚楚，神态温和，给人以敦实沉稳的力量感和质朴亲近的世俗感。菩萨造像则显示出更加繁缛华丽的造像特征，大多全身布满璎珞垂珠、项圈、佩饰、臂钏、手钏，使造像并进行彩绘和贴金的装饰手法，更加艳丽华贵。

"青州风格"重点还体现在佛像的嫣然一笑上，其造像风格既融合了南朝的"瘦骨清相"与印度笈多艺术的"湿衣派"，又结合了青州本土的审美理念。有一些佛像，或是采用凸棱的方式刻出衣纹，好像打湿的衣衫紧贴身体，或是身上没有任何皱褶，肌肤的轮廓充分显现着人体曲线的优美，在北方中原一带的同期作品中，这种造像的样式极为罕见，这很有可能就是史书文献中记载的"曹衣出水"样式。

"曹衣出水"，原是用来形容北朝时期画家曹仲达的绘画风格，因其所画人物均以稠密的细线来表现衣服褶纹贴身，其体稠叠，而衣服紧窄，犹如刚从水中出来。据传曹仲达擅画人物、肖像、佛教图像，尤精于外国佛像。可遗憾的是，曹并无作品传世，只能从文献中考据这种风格。而青州佛教造像的风格，被确认为目前唯一与曹仲达作品相似的实物作品。

然而，"曹衣出水"的样式为什么会从万里以外的西域传播到青州，至今仍是众说纷纭。但不管人们怎样猜测，可以肯定的是，这种新的佛像艺术样式传入青州后，当地工匠们用自己所熟悉的艺术语言与技法与之相融合，于是一批面貌新颖的佛教艺术造像在北齐时代出现了。

关于龙兴寺佛教造像被毁的时间和原因，至今没有定论。有人说是宋徽宗尊崇道教，强制佛教改号所致；也有人认为造像被毁是由金兵入侵青州造成的，时间大约是在南宋高宗建炎三年（1129）。不管是什么样的原因，如今都已不重要。佛像的集中掩埋为我们后人留下了莫大福果。

经过专家们的精心修复，这些破损的艺术珍品又恢复了往昔的风采，这些伟大的作品流经千年岁月后，今天依然用他们那一抹抹亲切的微笑，穿越了千年，涤荡了尘世。我在瞻仰佛像的须臾之间，领略了中华文明的深远与厚重。

天主堂：昭德街的异域风情

日暮时分，圣堂两侧两座距地 35 米的钟楼双塔高耸，悠扬的钟声远传数十里，这座天主堂是当时青州古城内最高的建筑物。

青州市位于山东中部，为中国历史上古九州之一。古籍《尚书·禹贡》有"海岱惟青州""潍淄其道"等记载。青州的范围东至大海，西到泰山，境内有潍、淄等河流。以中国古代盛行的五行学说解释，青州的地理位置位于最东方，东方属木，木色为青，所以称之青州。青州是华夏大地上最早被命名的地域，"地处少阳，其色为青"，"右有山河之固，左有负海之饶"。这里是太阳初升的地方，草木葱茏，其色泛青，绿的深沉，绿的葱郁，湖光山色与碧水蓝天融为一体。

早在 7000 年前北辛文化时期，就有东夷先民在此繁衍生息。春秋战国时期青州为齐国腹地，物质丰富，文化昌盛。西汉初期的广县城为青州刺史部治所所在地。东晋时期的广固城，曾作为南燕国慕容德的国都。此后修建的东阳城、南阳城先后为青州刺史部、青州总管府、青州府、益都县等多级治所所在地，是历史上山东地区政治、经济、文化中心之一。

千百年来，青州历史上思想文化开放自由，兼容并蓄。世界各大宗教如佛教、道教、伊斯兰教、天主教、基督教等在青州都有悠久的历史，多民族聚居，多元文化并存，深刻影响了当地的传统文化思想。青州是全国重

要的少数民族聚居区，多民族和睦相处，多宗教共栖一域，多元文化异彩纷呈。

仅在昭德街区，就并存三种不同宗教的寺院四座。其中伊斯兰教寺院有两座，即真教寺和清真寺。真教寺是青州伊斯兰教最大最古老的寺院，据寺内碑记记载，该寺由元代伯颜丞相后裔于元大德六年（1302）始建，为元代三大真教寺之一。后历代增修，发展到现在成为一组规模宏大、结构紧凑的古建筑，现在仍是伊斯兰信教群众结集礼拜的重要场所。清真寺位于昭德街区西部，明嘉靖二十五年（1546）由衡王之子宁阳王朱载坲始建，青州知府张连登亲笔题写寺额。

天主教堂和基督教堂位于昭德街区西侧。天主教大教堂能容纳 3000 余人，高 35

米，为当时青州最高的建筑物。基督教教堂建于宣统二年（1910），基督教会在此倡导办学、施医、建博物堂，在培养神职人员的同时，也把西方的科学技术带入了青州。

据新编《青州市志》载："明万历三十三年（1605），天主教由临朐县北石庙首次传入益都。"第七代衡王相信天主教，青州的府道台张文焕亦是世代虔诚的天主教徒，并遍传家人，对青州、临朐天主教的传播发展起到很大的推动作用。

青州天主教堂原属烟台教区，主教常德明于光绪元年（1875）派王保禄神父（山东掖县人）来青州传教，在城南门里购买地基筹建教堂草房五间，奠定传教基地。光绪二十一年（1895）又购土地二亩多扩建教堂瓦房二十余间。

1931年，青州由烟台教区划出为益都监牧区，主教府设在青州城里天主堂，第一任监牧区主教是法籍传教士卫国栋，统管寿光、临淄、益都、临朐、博山、博兴、广饶、昌乐、高苑等十县的教务。

1933年，卫国栋主教创建益都大教堂，

左图　青州古城天主教堂的建筑风格独具特色，它采用了传统的欧洲哥特式建筑风格，同时融入了中国传统的建筑元素。教堂内部装饰华丽，有精美的彩色玻璃窗、雕刻精美的祭坛和油画等，这些元素都展示了中西方文化的完美结合。青州天主教堂不仅具有较高的艺术价值，其重要的文化和社会价值也不容小觑。同时，它也为社会提供了丰富的文旅资源，为四方宾客提供了一处文化交流的场所。

该大堂气势雄伟，规模宏大，占地面积65亩，建有出厦宿舍楼房22间，瓦平房60间，圆石柱大门1座。教堂东屋坡上有石头雕刻的花纹"十"字架，高17米，甚为壮观。圣堂两侧有两座7层钟楼，顶端距地35米，为当时城内的制高点。

在解放战争期间，华东保育院曾在青州城里天主堂（当时的修女院和孤儿院）住过一段时间（1949年3月至6月）。在"十年时期"中，钟楼被雷电毁坏，教堂也遭损毁，后被青州卷烟厂占用。

伴随着改革开放的脚步，宗教信仰自由政策逐步落实，经过多年努力，在省市政府领导的关心下，拨款重建天主教堂，并于1997年破土动工，历时两年完成了新堂的重建。天主教"三自"爱国会就设立于此。新教堂坐西面东，属哥特式建筑风格。东西长40米，南北宽18米，建筑面积约1200平方米。三座钟楼立于教堂顶部，中间一座钟楼顶尖高35.8米，气势宏大。

教堂以灰色为主调，中间有三个红色大门，圣洁典雅。左右大门上有象征和平的鸽子，中间雕有耶稣像，左右雕刻着"荣主""益人"大字。教堂能容纳千余名信教群众参与礼仪，堂内墙壁悬挂十余幅艺术精湛的油画，内容为救世主耶稣活动的圣迹。

如今新教堂坐落于青州市偶园街1128号，这座哥特式建筑成为青州老街的文化地标，每天吸引了不少南来北往的朋友前来参观。

将佛教艺术的人性化、世俗化推向极致

019

包裹在这一方清凉境界

山东省济南市 · 丝绸之路

1987 年，泰山成为全球首个文化与自然双遗产地，这与一家佛教寺庙缘不可分。该寺庙历代高僧安息之地墓塔林，现存墓塔 167 座、碑铭 81 通，历经北魏、唐、宋、金、元、明等 1600 余年，不但见证了寺庙的历史沿革，也见证了丝绸之路佛教在中国西传东渐的发展脉络。这座寺庙，就是"海内四大名刹"之首的灵岩寺。

贯穿山东中部，绵亘于泰安与济南市之间的泰山，古称"岱山""岱宗"，春秋时改称"泰山"。泰山雄起于华北平原之东，凌驾于齐鲁平原之上，东临大海，西靠黄河，南有汶、泗、淮之水，东西长约 200 千米，南北宽约 50 千米，主脉、支脉、余脉涉及周边十余县，盘卧面积达 426 平方千米，主峰玉皇顶海拔 1545 米。

长清灵岩山是泰山十二支脉之一，主峰海拔 668 米。灵岩山原名方山，因山顶平坦、四壁如削而得名，又因山形似玉玺，亦称玉符山。山之阳的灵岩峪，满目葱茏，清泉淙淙，灵岩寺就坐落于这青山翠谷之中。

灵岩寺始建于东晋，距今已有 1600 多年的历史。对这一方风水宝地，历代古人赞誉有加。唐代李吉甫编纂的《十道图》中，把灵岩寺与浙江天台山国清寺、江苏南京栖霞寺和湖北江陵玉泉寺誉为"域内四绝"。宋代济南府从事卞育赞道："屈指数四绝，四绝中最幽。此景冠天下，不独奇东州。"明代学士王世贞则说："灵岩是泰山背最幽胜处，游泰山而不至灵岩不成游也。"清乾隆帝在灵岩寺建有行宫，巡视江南时曾 8 次驻跸灵岩，饱览灵岩风光。

墓塔林：丝路佛教西传东渐的发展脉络

1600 多年的璀璨历史，留给灵岩寺极其丰厚的历史文化遗存，而最让今人赞叹流连的莫过于塔林与宋塑。塔林为墓塔林简称，是唐代以来埋葬灵岩寺历代住持高僧的场所。塔林位于寺西 500 米处，坐北朝南，可与河南嵩山少林寺塔林媲美，堪称"中国第二"。墓塔林现存墓塔 167 座、墓塔带志铭石碑的有 27 座。这些墓塔中有北魏 1 座、唐代 1 座、北宋 4 座、金代 6 座、元代 37 座、明代 118 座。另外还有在墓上不建塔、只立志铭石碑的 79 座。

虽然在规模与数量上不及嵩山少林寺塔林，但灵岩寺塔林均为石塔，其石塔之多、雕刻之精美、信息之完整，在国内首屈一指。每座塔一般都由塔座、塔身、塔刹组成，塔座呈方形、圆形、八角形、钟形、鼓形等，一般都有浮雕装饰，并且都有莲花宝座托起，做工细腻，庄重稳固。塔身一般较高大，上刻僧人法名年号。塔刹则有相轮、复盆、仰月、宝珠、花卉、龙图等图案造型。有的墓塔旁通常还有一通墓碑，记载着高僧的经历，是研究佛教史的珍贵实物资料。

在一个草长莺飞、暗香疏影的早春二月，我风尘仆仆地来到长清灵岩寺探幽寻

访。但见此处古木苍翠，怪石嶙峋，灵洞曲洞，青峰翠峦，古刹精舍，深奥幽邃。欣赏完被梁启超称为"海内第一名塑"的千佛殿内40尊宋代彩色泥塑罗汉后，我径直往空山不见人的西崖而去。

墓塔林中央为一个长长的甬道，甬道北端有一座砖石结构的单层重檐式北魏祖师塔（法定墓塔），甬道两侧则列峙群塔，均为全石结构，细细观测，这百余座塔按照塔身形制可分为六种：亭阁式塔、方碑形塔、钟形塔、鼓形塔、喇嘛塔和经幢式塔。

亭阁式塔在塔林中主要有3座，即祖师塔、慧崇塔和海会塔。这三座塔的历史地位相对较为重要。祖师塔位于塔林中心，为一座平面呈方形的单层重檐砖塔，从型制推测为五代时期塔，是塔林中唯一的砖塔。祖师塔筑在高2.1米的方形石台上，塔下设低矮的塔座，座每面开8个壶门。塔身单层，南面辟一拱券形门洞，其他三面为素面。

慧崇塔是现存塔林中最古老的一座墓塔，位于塔林北端最高处，是唐代灵岩寺高僧慧崇禅师的墓塔，建于唐天宝年间（742—756）。塔为石砌单层重檐亭阁式塔，高5.3米。塔下束腰须弥座，座上砌方形塔身，南面辟券门。塔室内顶部作覆斗状，原置有慧崇造像，今已不存。塔顶以石板叠涩出挑又逐层叠涩内收，每层塔檐之间均有素面方形塔身，顶上置露盘、仰莲、宝珠组成塔刹。

海会塔位于祖师塔的东侧，为宋代僧众的集体墓塔，建于北宋宣和五年（1123）。塔平面呈方形，石构塔基座由四层方形大石板叠筑而成，并且自下而上逐层叠涩收进。塔身是由数块大石板拼砌而成，正面和东、西面开半圆形小拱洞，下为扩穴，塔身背面嵌铭石，详细记载了建塔过程等。塔檐是用一块大石板直接挑出，再叠涩收进三层石，其上置八角形石板，作为塔刹的基台，基台上置覆莲、宝珠、仰莲及刻有卷纹的宝瓶，以构成塔刹。整个塔造型简洁、庄重。

方碑形塔的墓塔计有84座，其中元代13座，明代71座。根据塔身形状，可以分为扁方碑式、长方碑式和高方碑式三种。塔座一般由基石、圭脚、覆莲、束腰和仰莲组成。塔身表面较光洁平整，一般是两面刻字，正面刻：某某首座禅师之塔，背面则刻修缮人、石匠及造塔的时间。塔顶一般是四边形的四阿式屋顶，其上置一层仰莲座和一层宝珠，上设山花蕉叶式的宝顶，最后用各种形式的宝瓶收顶。这类形式的墓塔，在国内各寺院较为多见。

钟形塔计有 52 座，其中以慧崇塔西侧的北宋咸平二年（999）建造的禅师塔最早。此塔通高 2.42 米，塔墓为八角形须弥座，塔身呈覆钟式，塔顶为八角攒尖顶，上置简单的直颈圆嘴式收顶。虽不显高大，但雕工精湛，造型浑厚饱满，给人以华丽之感。另一座金代大定十四年（1174）宝公禅师之塔总高 4.77 米，塔身覆钟巨大，经 90 厘米。整座塔高大雄壮，且雕刻精致，比例均称，保存完好无损，是难得的精品。其余覆钟式塔，元代有

22 座，明代 28 座。元塔普遍高大宏伟，雕工深刻，明塔则大多规模较小，雕工趋向简洁。

鼓形塔又称球形式塔，计有 23 座。位于祖师塔右侧的定光禅师塔、左侧中部的寂照塔，分别建造于金皇统二年（1142）和九年（1149），皆雕刻精美，保存基本完好，为此墓塔中年代最久、最具代表性的精品。另外，此种形式塔元代有 2 座，明代有 17 座。

喇嘛塔通常的标识就是宽大的覆钵和高挑的相轮式塔刹，所以喇嘛式塔也叫覆钵式塔。灵岩寺的喇嘛塔在踞祖师塔前方不足 10 米左右各一座，其高大雄伟，比其他的高一至二米，很是壮观。

经幢式塔只有 3 座，两座为宋塔，一座为明塔。塔基座为八角形的须弥座，上下枋刻宝相莲花，束腰壶门刻出狮子四头，八角

① 慧崇塔，建于唐天宝年间（742-755），为灵岩寺高僧慧崇的墓塔。济南历城区柳埠四门塔也是这种隋代造型。为一方形单层重檐亭阁式石塔。塔高 5.3 米，面宽 3.74 米 南辟半圆拱门。券额雕兽头武士像，东西辟假门，雕有乐伎，舞伎飞天等保留有六朝隋代的艺术风格，是研究古代绘画雕刻艺术的珍贵文物。

②灵岩寺内幸存的古代艺术珍品中，最有价值的莫过于千佛殿内的 40 尊彩塑罗汉像。其中有三十二尊塑于宋治平三年（1066），八尊补塑于明万历年间（1573－1620）。在创作中，工匠们摒弃了宗教作品一贯的冷漠，对人物的性格刻画入微。尽管这些罗汉均采用坐姿，但由于动作各异，形神不同，竟无一丝单调的感觉，反而因为它们丰富的面部表情，使人平添一种亲切的感觉。被誉为"海内第一名塑"。

塔身刻《佛顶尊胜陀尼经》和"某某公大禅师寿塔"题记。塔规模都不大,构造比较简洁,但雕工很精细。

墓塔林不愧为一座积淀丰厚的古代石刻艺术博物馆。塔造型各异,结构细腻,内容丰富,精美绝伦。尤其是塔座束腰,各种艺术形象栩栩如生,有的雕刻着承重力士,在重压下嘴巴大张,面部扭曲,四肢与腰背曲弯,全身肌肉突起,给人以力的夸张和负重的艰辛;有的雕有骑士身跨雄狮,手执曲棍击打马球的瞬间场景;有的雕有嬉戏玩耍的幼狮,憨态可掬;还有的雕有衣带飘逸、长绸舞动的娱乐场景等,一幅幅浮雕,无一不显示了中国先民的聪明才智和高超的雕刻技艺。

在寺庙东侧崖壁下,但见有泉水似露珠般泄出,叮咚作响,清冽甘美, 汲水入口犹如甘露。此时,耳畔传来梵音阵阵,我感觉仿佛沉睡在时光中,包裹在这一方清凉境界里。

罗汉堂:"海内第一名塑"

我国彩绘泥塑艺术起源于唐宋时期,是中华民族独创的一种佛教造像艺术,在中国美术史上绘就了浓墨重彩的一笔。其扛鼎之作有"天下罗汉两堂半"之说,半堂在苏州市吴中区甪直镇保圣寺,一堂在苏州太湖之滨东山镇紫金庵,另一堂被梁启超誉为"海内第一名塑"的在山东济南长清灵岩寺的千佛殿。

魏晋至明清,中国佛教艺术的审美情趣出现了一个由神本位逐渐向人本位转变的演

化过程。在魏晋南北朝时期,佛教艺术表现以神本为主;到了隋唐五代时期,神本和人本在佛教艺术中互相渗透、融合并存;在宋元明清时期则完全以人本为主。人本位由唐代肇始,至两宋达到顶峰,后世只是对唐宋佛教艺术审美精神的延续和发展。

宋代佛教造像艺术的一大突出贡献,就是将隋唐佛教艺术中出现的人性化、世俗化元素推向极致,表现尤为淋漓尽致的当属那些凸显人本精神的菩萨、罗汉以及世俗人物的造像。这些造像既不失佛教神祇的精神气韵,又具有世俗人物的神情百态,表现出与神性并不矛盾的人性和人情之美。灵岩寺罗汉泥塑就是北宋佛教造像艺术世俗化的代表力作。

灵岩寺位于山东济南长清境内,初建于符秦统治时期,北魏"太武灭法"时被毁,北魏晚期重建,唐初迁建今址。唐代中期与天台国清寺、江陵玉泉寺和南京栖霞寺并称"域中四绝"。灵岩寺宋代达于极盛,现存

寺院规模大体为唐宋时期所奠定的基础。因灵岩寺建于泰山余脉的山地，其布局虽是"伽蓝七堂"格局，但不同于建于平地寺院一般严谨按照建筑中轴线对称布局，而是依山顺势布局，颇有特色。

灵岩寺内保存唐宋以来的佛像很多，但属于国宝的就属千佛殿的泥塑罗汉群像。北宋景祐至嘉祐（1034—1063）年间，灵岩寺香火极盛，其中千佛殿、五花殿等主要

下图 济南四门塔是中国现存唯一的隋代石塔，也是中国现存最早、保存最完整的单层亭阁式佛塔，为中国早期石质建筑之典范。有"中国第一石塔""华夏第一石塔"之美名。其造型简洁，有中国汉代建筑的道风。它对于研究中国佛教历史和古代建筑建造特色都有着较高的价值，也是中国古代建筑的珍贵遗产之一。整个塔除塔刹部分略有装饰外，其他部分无明显的装饰，整个形体浑厚而朴实，古朴又简洁。在中国建筑史上占有重要的地位。

建筑物，就是在那三十余年中增建或重修的。罗汉群像约塑制于治平三年（1066），安置于殷舟殿，原为 32 躯，故碑记中有云"三十二尊镇山罗汉"。陈少丰《中国雕塑史》中记载，元致和元年（1328），千佛殿里的泥塑罗汉群像曾加妆修。其后殷舟殿倾圮，罗汉像也有损毁，残存约 27 尊。明万历十五年（1587）将罗汉像移于重修后的千佛殿内，倚壁设坛列置；并增补至 40 尊，增补之中，有一尊是用北宋熙宁三年（1070）所铸的铁罗汉像表面糊泥加塑而成的。全部罗汉塑像的最后一次妆銮是在清同治十三年（1874）。在现有 40 躯罗汉塑像之中，可以肯定有 27 躯是北宋的作品。

灵岩寺的 27 躯宋塑罗汉像，均坐于高 78 厘米的砖砌长坛上，自足底至头顶高 155 厘米左右，稍大于真人。罗汉塑像在服饰上

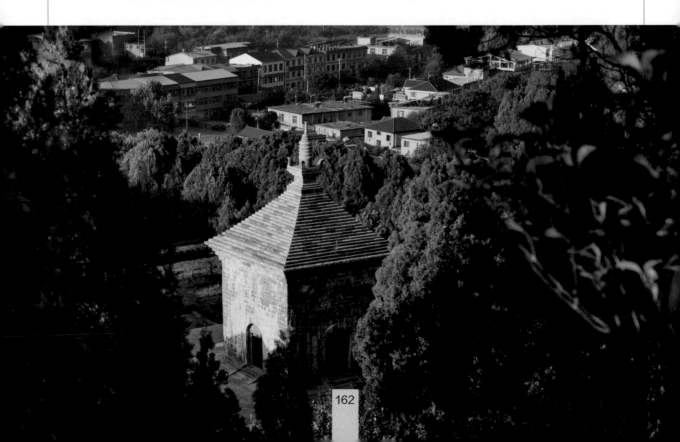

保持了高度的一致性，全是两层右衽交领法衣，外披田相或其他纹饰的袈裟。各个形象的区别主要体现在姿态、手势的变化。就坐势而言，有结跏趺坐、盘腿坐、垂坐和半跏趺坐，不拘一格。手势配合动态、神情的变化，更是无一雷同。

讲经论道罗汉表现得尤为精彩。如西侧第八躯，两目瞪视右前方，左手揽袖，右手上扬作比画状，似乎在与旁人争论佛法，也可能是在表现某一自认为十分重要的观点。与他紧邻并互相呼应的一躯罗汉的面部表情看似咄咄逼人，而仔细观察后，发现其神色不像前者那样凌厉，而是对对方所述观点表示认同和赞赏，期待着对方发表更为高阔的言辞。

东侧第四躯罗汉表现了另外一种场景：其年龄并未进入老境，但有一副老者的慈悲胸怀。他苦口婆心，循循善诱，使身旁的年轻者虽然一时不能理解和消化这个道理，却被他的一片诚心诚意深深触动。西侧第十躯罗汉，身材虽已长成，而年岁尚在"弱冠"，相貌俊秀，心地善良，态度恭谨，他用双手在胸前作轻轻比画，通过肢体语言的表达，谦逊地回答长者的提问。

西侧第十四躯罗汉正全神贯注地"穿针引线"，准备缝补衣服。自己动手缝补衣服也是佛教徒一种修身养性的方式。他是那样的郑重其事，看似琐屑，实则是在修为。罗汉手中其实空无一物，然而人们从它那轻巧的手指动作、凝视的目光，却分明感到针线的存在。

还有那躯冥想罗汉刻画得尤其入木三

分。他眉头微皱，左手捧帕，右手不自觉地三指轻拈，好像在寻思着那些闪现在脑海里的佛法火花。前额上几条经脉血管若隐若现，那轻拈微动的右手更是神来之笔，将其内心活动刻画得深刻微妙。

灵岩寺罗汉造像在强调其人性化、世俗化特点时，没有予以无限夸大或加以曲解，而是力求展现人性与神性的高度融合与统一，并在形式和技巧上给人艺术之美。古代匠师们大胆地采用了写实风格，不但形体、比例、相貌与真人惟妙惟肖，血脉、筋骨也清晰可见，完全符合现代医学的人体解剖学。塑像的衣饰贴体利落，对衣纹线条的曲直、角度的转折、光线的明暗等，均做到刚柔相济和虚实对比，甚至透过衣纹可以体察到人体的筋骨。1982年维修时还发现，这些彩塑罗汉与人体一样有腹腔，内有用丝绸做成的五脏六腑。

在封建社会，那些雕塑匠师们由于地位低下，作品鲜有留名者，但他们无愧是中国乃至世界古代杰出的雕塑家。他们对社会现实中的万物生灵有着细腻的观察、丰富的积累、敏锐的感受和深刻的理解，他们以深厚的艺术鉴赏力与高超的塑像表现技巧，赋予了作品丰富深刻的个性特征和心灵内涵，给人以纯洁、善良、严肃、崇高的艺术和心灵享受，这是留给后世的珍贵文化遗产。

这些罗汉即便是木胎和泥塑，但被寄予了灵魂，所以有了呼吸，成为不朽的生命。即便是血肉之躯，如果失去灵魂，也不过是一具行尸走肉。

中国古代丝路北方少数民族及游牧文化与中原汉族及农耕文化交融互鉴的例证

020

匈奴最后的大漠绝唱

陕西省榆林市 · 丝绸之路

在推进"一带一路"的进程中，多民族、多种族、多宗教、多文化之间的共享和平、共同发展，已成为越来越多有识之士的共鸣。中华民族自古就是兼容并蓄多民族共存的文化共同体。先有诸夏、诸羌和诸戎融合为华夏，秦汉时期诸华又与东夷、南蛮、西戎、北狄融合为汉民族。后来五胡入华，南北分治，辽金占据中原，也都是民族融合的高峰期。正是由于这种周边少数民族不断地注入新的血液和新的基因，中华文明才得以源远流长，波澜壮阔。

在陕西榆林靖边县城北58千米处的红墩界镇白城则村，有一个距今已近1600年历史的匈奴人都城遗址——统万城。这个曾经在中国西北方繁华了五百多年的都城，是至今基本保存完好的唯一早期北方少数民族王国都城遗址，反映了那个时期匈奴民族和古城的兴衰，成为中国历史上北方少数民族及其游牧文化，与中原汉族及其农耕文化交融互鉴的一个例证。

下图　作为全国重点文物保护单位和全国百处大遗址之一，统万城遗址已被列入世界文化遗产预备名录。作为大夏国辉煌记忆的承载者，作为我国历史上北方少数民族的碰撞、交流和融合的见证者，和草原丝绸之路上的重要节点，统万城遗址展现着中华民族优秀历史文化遗产的无限魅力，被誉为陕西"第十四朝古都"。

匈奴最后的一座城池

靖边一路往北就到了一望无际的毛乌素沙漠，而统万城就耸立于北方沙漠与中原绿洲的边缘地带。因其城墙为白色，当地人称之为白城子。又因系赫连勃勃所建，故又

称为赫连城。在无边的黄沙映衬下，尽管这座城池已荒废千年之久，但依旧巍峨雄壮，险峻挺拔，犹如巨人一般俯瞰着漫卷风云的历史长河。

"多难兴邦"这句话，同样也应验在赫连勃勃这个草莽英雄身上。赫连勃勃生于381年，本姓刘。汉魏时期许多匈奴人都姓刘，那是因为西汉时期匈奴冒顿单于娶了汉朝的公主，双方约为兄弟，后世单于子孙遂冒姓刘氏。这些草莽英雄与汉朝扯上亲缘关系，目的在于给自己在中原地区建立政权蒙上一层合法性的光环。

赫连勃勃属于匈奴铁弗部，"铁弗匈奴"是内迁南匈奴单于后裔中的一支。"铁弗"是胡语，意为"胡父鲜卑母"。是由居住在今山西北部的内迁南匈奴单于后裔中的一支，与南下鲜卑错居杂处，相互通婚，逐渐融合而成。

铁弗部登上历史舞台之时，正值西晋大乱，军阀混战，各少数民族政权相继入主中原，在"五胡入华"时期，各方雄莽"你方唱罢我登场""城头变幻大王旗"。铁弗匈奴力量相对弱小，每一任首领都是依附于相对强大的其他政权之下。也因为这个原因，活动在河套地区的铁弗匈奴和生活在内蒙古、山西北部的拓跋鲜卑结盟，勃勃的父亲刘卫辰为了积蓄力量，曾三次朝贡于代国，但最终还是充当前秦的向导，灭亡了代国。

407年，匈奴族铁弗部的赫连勃勃以鄂尔多斯为根据地建立了大夏国。其国力亦达到极点，其版图"南阻秦岭，东戍蒲津，西收秦陇，北薄于河"，占有今内蒙古鄂尔多斯、晋西南运城部分地区和陕北、关中、陇东及河套一带。

据《魏书·铁弗刘虎传》《晋书·赫连勃勃载记》等记载，413年赫连勃勃以叱干阿利为将作大匠，发岭北夷夏十万人于朔方水北、黑水之南营建都城，名曰"统万"，寓"统一天下，君临万邦"之意。赫连勃勃言："朕方统一天下，君临万邦，可以统万为名。"

那时的赫连勃勃对宇内永固霸业充满了强烈的欲望，自居华夏正统，统万城的布局也极力模仿长安、洛阳的格局。根据当时的记载，五郊、七庙、社稷、明堂、露寝、阊阖、象魏，这些展示帝王威仪的礼仪性建筑一个都不落。从京城、宫殿、城门的命名，更可窥探其政治野心：他处理朝政的宫殿叫永安殿，殿上的瓦当文字为永隆，含永远安泰与昌隆兴盛的意思。

和中原地区的都城大多坐北朝南不同，统万城坐西朝东，这与匈奴尚东、崇拜太阳升起的地方有关。赫连勃勃给统万城南门起名叫朝宋门，东门曰招魏门，西门曰服凉门，北门曰平朔门。"朝宋"表现出勃勃联宋抗魏、远交近攻的战略意向；拓跋魏乃夏东邻，"招魏"就是要招降魏国，做其宗主；西凉、北凉均在河西走廊，"服凉"即征服诸凉；"平朔"乃平定朔方，泛指河套以北地区。

除此之外，供赫连勃勃享乐的园林、池沼、高台、密室、楼阁、驰道等也都一应俱全。

赫连勃勃还修建了冬天居住的温宫和夏天居住的凉殿，整个建筑"皆镂图画，被以绮绣，饰以丹青，穷极文采"。

统万城直到真兴六年（424）才建造完成，历时 11 年。统万城建成后，曾由秘书监胡义周执笔作赞文一篇，文赞统万城"高隅隐曰，崇墉际云，石郭天池，周绵千里"，城里"华林灵沼，重台密室，通房连阁，驰道苑园"。此时的统万城无论在规模、布局及建造方法等方面，均体现出统万城在地理位置及战略地位上的重要地位。这一时期的统万城达到空前繁荣。

428 年，赫连昌被北魏擒获，其弟赫连定即皇帝位。431 年，赫连定在行军途中被吐谷浑袭击，惨遭俘虏，后被送往北魏处死。匈奴最后在中国建立的一个政权就此灭亡，匈奴族也由各种不同的渠道融入汉族，隋唐时在中国史籍上彻底消失。

统万城被攻破后，作为一个地方性的行政中心一直使用到宋代。由于生态环境的恶化，以及西夏军队常以统万城为依托侵扰北宋，宋太宗于淳化五年（994 年）四月，下诏废毁夏州（统万）城，将 20 万居民迁至绥（米脂）、银（横山）等州。后来西夏西迁，统万城逐渐"销声匿迹"在一望无垠的毛乌素沙漠之中。

"蒸土为城"筑石城

站在统万城最高马面的坡顶之上，合上双眼，极力想象着在一个明月高悬的夜晚，在皎洁的月光映射下，眼前的这一个洁白如洗、深不可测的白色城池会带来一种什么样的视觉震撼？虽然历经千年的雨雪风侵，偌大城池的城墙和马面，至今仍然坚不可摧，当时是用什么样的智力、人力和物力，构筑起这么一座宏伟至极的城池呢？

在国土面积急剧膨胀、经济实力增长的形势之下，赫连勃勃决定改变以往惯用的游击战术，为政权营建都城，并亲自在朔方选址都城。当其走到此地时忽发感慨："美哉斯阜，临广泽而带清流，吾行地多矣，未有若斯之美。"当即决定在此建都："朕方统一天下，君临万邦，可以统万为名。""统万"是匈奴语"统万突"的音译，在匈奴语中，"统万"（Tuman）是"万"的意思，"突"（Tu）是"有"的意思，合起来即拥有万国的意思。用汉语"统万"来解释，既能满足音译的要求，也能反映出匈奴语的真实含义和统治者统驭万邦的勃勃雄心。

从上述勃勃的一段话中可以看出，当时的统万城周边可谓是水草丰美，而此后不久北魏郦道元的《水经注》中则说统万城周边有沙丘。看似矛盾的文献记载，则被考古发掘而证实所述不假。钻探发现距地面13米下的城墙是直接坐落在黄沙之上，因此学界有一说"统万城是我国早期建筑在沙漠之上的都市"。同时，考古发现了许多未曾腐烂的旧藏材木，推测为建城时的遗物，为就地采伐而得。按当时的情况分析，勃勃不可能把都城建立在流沙荒野之中，十万建城工匠也不可能完全依赖外地供给筑城所需物资，"沙草并

存"应该是对当时统万自然环境的正确描述。

夏龙升七年（413）三月，勃勃改元凤翔，以叱干阿利为将作大匠，征用胡汉军工十万众，开始建造统万城。叱干阿利尽管以暴戾闻名天下，但不失为一个相当优秀的技术官僚，他监造的兵器极其精锐。

历史上曾传说叱干阿利采用"蒸土为城"的方式营造统万城，但何谓"蒸土为城"，千余年来不得其解，后经考古学家多方认证后得出结论，认定其主要成分是40%以上的碳酸钙、各20%的石英和黏土，这三种成分就是明代以后建筑常用的三合土。碳酸钙是石灰（氧化钙）吸收二氧化碳而得，质地坚硬，石英就是沙粒。石灰遇水，体积就会迅速膨胀，挤压砂土，使之紧密，再加上每15~20厘米的加压夯筑，使得"其城土色白而坚固"，刀斧不能伤。因为建造统万城时需要烧制大量石灰，生石灰加水在变成熟石灰的过程中释放出大量热气，雾气蒸腾，故而形成"蒸土筑城"之说。三合土运用到建筑上在中原地区是明以后的事情了，直到现在还在大量建筑工程中使用，统万城是我国早期建筑中使用三合土的典范。

统万城最引以为傲的还是它强大的城防能力。这种内外相套的城防结构是迫于当时的战乱形势而形成的，主要用于军事防御。统万西城墙基厚约16米，东城墙基厚约10米。城墙直到今天连用指甲抠下个土粒都很困难。城的四隅都有突出城外的平面呈长方形或方形墩台，且高出于城垣，西

南隅墩台最高达 31.62 米，数十里外就能看到，于此不难想象当年建在上面的楼阁是何等峻伟。此外，在大比例尺的航空影像上可以非常清晰地看到，在内城的西北角和西南角，均残留有宽大的护城河遗迹。

在东西两城城垣上都修建有"马面"，马面是城墙外侧每隔一定距离，凸出于墙体外侧的一段，也叫敌台、墩台、墙台，因外观狭长如马面而得名。马面的使用是为了与城墙互为作用，消除城下死角，自上而下从三面攻击敌人。统万城西城马面较密，西城南垣马面最为特殊，既长大又宽厚，现存高度比城垣高而低于西南隅墩。考古发现南面的这些宽大的马面是空心的，内部建有仓库，通过梯子上下出入，里面的支柱、楼板、粮食均已霉腐。可见，统万城的马面是一个融作战、军需、军械为一体的平战两用堡垒，在世界筑城史上尚未见有先例。中国构筑空心马面的历史比 11 世纪波罗的海罗斯城的石头城塔早了 6 个世纪。

2013 年，陕西考古工作者在统万城西城南垣的部分马面、城垣外，发现了近 40 个密集排列的柱洞，城墙前还发现了铺设在地上，用于扎战马马蹄的"铁蒺藜"，每个铁蒺藜由 4 根铁刺组成，一头向上。这种铁蒺藜可以有效预防敌方接近城墙。密集排列的柱洞，就是《汉书·晁错传》中记载的"虎落"留下的遗迹。"虎落"指的是篱落、藩篱，用以遮护城邑或营寨的竹篱。统万城遗址发现的"虎落"柱洞里面，插满了削尖的木桩或者竹子，以此防御敌人进攻。有了这种"虎落"，敌人的步兵、骑兵就不能直接到达城墙，守城人可以站在 12 米的马面上，利用城墙和马面，居高临下从三面攻击入侵之敌，配属的武器包括弓弩和礌石（即石头）。这些"虎落"，与夯土城垣、马面、垛台、护城壕、铁蒺藜等，共同筑起了统万城的三道立体防御体系。

沉睡千年始方醒

从靖边县城一路北进，车行一个多小时后才抵达统万城所在地白城子村。以前曾听闻当地有"榆林三迁"的说法，一路上的景色的确验证了这里自古以来人与沙的斗争历史：先入眼帘的是广沃的农田和机器灌溉，之后绿色日渐稀弱，出现大批只有在陕北才能见到的无头柳；然后，绵绵不绝的沙地大规模铺展开来，而统万城就建于一片沙地间的一处高台之上。

通白的墙体，林立的马面，高耸的角楼，独特的"崇台秘室"结构和雄伟的宫殿楼观遗址，清晰地勾勒出这座以"一统天下，君临万邦"之意而命名的大夏国都城的轮廓和规模。面向毛乌素沙漠的西北隅墩，虽然没有西南角的高大，但因为以沙漠为背景，反而平添了些许壮美与辽阔。

中午烈日当头，偌大的城中空无一人，远方的大漠中不时吹来夹带着沙粒的阵阵狂风。我跟在一群毛驴的后面，踏着没膝的荒草下到内城，但见遍地的瓦砾碎片，甚至还有尸骨夹杂其间。统万城的最后结局，就仿

若在经历一场暴风和狂沙的劫掠之后，掳走了曾经的辉煌，只剩下漫天飞舞的燕子，在继续守护着这片匈奴人仅存的文明遗迹！

统万城自北宋初年下诏被毁，逐渐废弃已1000余年。8世纪这里开始"大风积沙"，9世纪时"堆沙高及城谍"，10世纪时已经"深在沙漠之中"，生态环境的变迁使得地面植物丧失殆尽，并逐渐掩盖了这座故城。

统万城在浩瀚的毛乌素沙漠中沉睡了八九百年后，直到清代后期才被重新发现。清道光二十五年（1845），著名学者、西北史地专家徐松（1781—1848）任榆林知府时，命其属官横山知县何炳勋寻访夏州城，即统万城的故址。何炳勋归来即将调查收获写成《复榆林徐太守松查夏统万城故址禀》，该《禀》辑入《横山县志·艺文志》（1929年石印本），为尔后的统万城考古提供了重要的线索。

在经历了1600多年的历史风霜后，如今的统万城已大梦初醒，它的历史和审美价值引起世人瞩目。统万城建筑形式独特，用三合土筑城并修筑马面，高大的多层悬挑式角楼，利用马面空间作战备仓库，在古代建筑城史上具有重大价值；统万城是沙漠历史地理考察的典型例证，它的兴衰反映了当地人地关系的变化和生态环境的变迁，揭示了人类活动对脆弱生态环境的巨大影响，不合理的人类活动是城址周围环境恶化的主要原因；统万城是研究中国北方少数民族（尤其是匈奴民族）、古代历史文化、政治、经济、科技、军事、城市、建筑艺术以及生态环境变迁等最好的明证。

穿越久远的历史沧桑，感悟深厚的人文意蕴。2012年，统万城被列入中国世界文化遗产预备名单。这一匈奴人最后的城池，或许在不久的将来，一定会重新绽放昔日的光辉。已被荒沙围困的统万城雄姿犹在，它好像是一座历史文化纪念碑，让人们体味它曾经的辉煌与现实的悲凉，思考如何更好地抵达未来的彼岸。

丝路明珠，青瓷典范

021

十里窑场不夜天

陕西省铜川市·丝绸之路

中国是陶瓷的故乡。早在千年之前，中国的瓷器就与丝绸、茶叶一起，唤起了世界探索东方的热情，最终在地球上搭建起贯穿东西方文明互汇互鉴的瓷器之路。

丝路上的青瓷名珠

自丝绸之路开辟以来，充满东方人文气韵的瓷器在西方一直兴盛不衰，成为支撑中国对外贸易的三大主宗商品之一。

据大量史料和文物印证，中国向外国输出的瓷器品种主要有龙泉青瓷、景德镇青白瓷、青花瓷、釉里红瓷、釉下黑彩瓷，吉州窑瓷，赣州窑瓷，福建、两广等窑所产青瓷，建窑黑瓷，浙江金华铁店窑仿钧釉瓷，磁州窑瓷，定窑瓷，耀州窑瓷等。

近年来，随着南宋沉船"南海一号"的深入发掘，很多中国瓷器尘封已久的秘密终被拂去历史的尘埃，重现耀眼的光芒。沉船上有两只口径 20 厘米北宋晚期的刻花青瓷碗，尤其夺人眼球，出自唐代创烧，五代成熟，宋代鼎盛，以"巧如范金，精比琢玉"而被冠以"宋代刻花青瓷之冠"美誉的耀州窑。

当时的耀州窑可以根据西洋人的需求进行定制，从现存的耀州窑文物中就发现有非洲人头像和罗马人的形象。作为丝绸之路上的瓷器明珠，耀州瓷沿着陆上丝绸之路和海上丝绸之路走出国门。如今在中东的阿曼、北非的埃及、东非的坦桑尼亚，东边的朝鲜半岛、日本，南边的越南、斯里兰卡，均有耀州瓷文物闪亮登场。

自唐代"安史之乱"后，西北地区地方割据日趋严重，陆上丝绸之路日渐式微，但作为中原和西域之间的政治、经济联系的主要通道，仍维系着各民族之间的沟通与交往。与此同时，随着海上丝绸之路日益繁盛，位于大运河沿线的宋朝都城开封取代昔日的洛阳成为海上丝绸之路的目的地和出发地之一，中原地区的丝绸和瓷器通过水路运销世界各地，由此开创了海上丝路在商业、艺术和文化上东西方互鉴互汇的新纪元。

宋元时期，中国外销瓷输往的国家较先前有大幅提升，有东北亚、东南亚的全部国家，南亚和西亚的大部分国家，非洲东海岸各国及内陆的津巴布韦等国。宋、元、明初时期的航线，主要有航行到东北亚、东南亚诸国的航线及通往波斯湾等地的印度洋航线。

在这个时期，中国航海的成就主要体现

在印度洋航线上。首先，从波斯湾沿海岸向西行进，可以到达红海的吉达港，然后上岸陆行至麦加；也可在苏丹边界的埃得哈布港上岸，驮行至尼罗河，再顺河而下到福斯塔特（古开罗）；并从红海口越曼德海峡到达东非诸国。

其次是开辟了从马尔代夫马累港直达非洲东海岸的横渡印度洋的航线。明代中晚期至清初的两百余年，可谓是中国瓷器外销的黄金时期。输出的瓷器主要是景德镇青花瓷、彩瓷、广东石湾瓷、福建德化白瓷和青花瓷、安溪青花瓷等。其中较精致的外销瓷多是国外定烧产品，其造型和装饰图案多属西方色彩，还有在纹饰中绘有西方家族、公司、团体、城市等图案标志，称为纹章瓷。

这时期的外销瓷数量大得惊人。17世纪我国每年输出瓷器约20万件，到了18世纪最多时每年出口多达百万件。输出的国家有东亚的朝鲜半岛和日本、东南亚及欧美诸国。出海线路较以前有所变化，一条是从中国福建、广东沿海港口西行达非洲，继而绕过好望角，沿非洲西海岸航行达西欧诸国；还有一条是从福建漳州、厦门诸港至菲律宾马尼拉，然后越太平洋东行至墨西哥的阿卡普尔科港，上岸后陆行，经墨西哥城达大西洋岸港口韦腊克鲁斯港，再上船东行达西欧

① ②

① ② 丝绸之路作为中华文明跨文化传播的重要组成部分，见证了中华文明的传承与创新。而丝路之上的陶瓷，展现的不仅是商品的贸易，更重要的是一种文化的交流。通过陶瓷这一媒介，促使中西方在经济、文化、生活方式等方面都产生了密切的联系。而耀州窑就在其中扮演着重要的角色。

诸国。

与精美的耀州窑瓷一起，大量精美的中国瓷器伴随着唐宋时期海上丝绸之路贸易的繁荣，远渡重洋，备受世人青睐。耀州窑见证了不同文明、不同国度在经济、政治、文化等多方面的沟通与融合，是海上丝绸之路上当之无愧的耀眼明珠。

"雨过天青"耀州窑

与宋代钧、汝、官、哥、定五大名窑相比，耀州窑的声名要低调许多；与当今景德镇等著名瓷区产品相比，似乎也不那么光彩照人。但历史尘封的大门一旦打开，耀州窑陶瓷精品仿佛穿越时空，使我们感受到了海上丝绸之路的壮丽与波澜，领略了千载名窑的瑰丽与传奇。

在茶圣陆羽的眼中，鼎州（即耀州）出产的青瓷茶碗仅次于越窑，品位是相当高的。他在《茶经》注："碗，越州上，鼎州次，婺州次，岳州次，寿州、共州次……"由此可知，耀州窑的烧制技艺，主要源自古老的越窑技巧，并博采各地青瓷优点，有"北龙泉"之称。《宋史·地理志》记载："耀州贡瓷器"；宋王存的《元丰九域志》卷三有"耀州华原郡土贡瓷器五十事"。耀州窑瓷器曾一度纳贡于朝廷。

一处不起眼的民窑居然能承接烧制皇家瓷器，乍听起来好像不可思议。直到1984年，陕西省（耀州）铜川市第四中学操场"五

代黄堡窑遗址"出土了十余片"官"字款瓷器残片，疑问就此告一段落。在北宋时期，刻有"官"字款的瓷器有很多窑口，除了耀州窑，还有定窑、龙泉窑、越窑等。

上图　耀州窑位于我国陕西省铜川市黄堡镇，承载着千年陶瓷烧制文化，炉火1400年生生不息，是中国古陶瓷史上重要的符号标志，也是我国极少数自创烧以来瓷器烧制、生产一直延续至今的古老瓷器"窑口"。悠久的制瓷历史、独特的地理条件和丰富的传统文化滋养成就了耀州窑辉煌灿烂的陶瓷艺术与文化，使其成为我国重要的非物质文化遗产，也成为我国对外文化交流的重要组成部分。

"青花粉彩誉宋元，十里窑场不夜天。浴火纤尘当鼎立，结缘泥塑供佛龛。倒流壶转乾坤水，大海碗盛粟米餐。技法超绝倾吴粤，品形完美上金銮"。这是一首描述宋代唯一能与"官、汝、定、哥、钧"五大名窑比肩的青瓷窑场——耀州窑的诗句。

诗中所说的"十里窑场"，是指一个叫黄堡镇的地方，这是铜川地区一个文化历史悠久的城镇，早在公元前5000年到公元前3000年前，黄堡就有铜川最早的原住居民。20世纪50年代曾在黄堡镇、李家沟，河东沟、吕家崖等多处发现仰韶文化遗址，其中出土的人面植物纹彩绘葫芦瓶，是关中地区其他仰韶文化遗址所少见的国家一级文物。

在今天的铜川市第四中学，还发现了中国目前最早的窑神庙碑"德应侯碑"，据碑文记载："晋永和中有寿人耳，名林，而其字不传也。游览至此，酷爱风土变态之异，乃与时人传烧窑甄陶之术，由是匠士得法愈精于前矣。"晋永和是东晋皇帝晋穆帝司马聃的年号，共计12年，大约时间为345年至356年，由此看来，黄堡地区的陶瓷烧造历史可追溯到东晋时期。后唐庄宗同光元年（923）以后，黄堡改属耀州管辖，从此，这里的窑厂更名为耀州窑，同时也开创了耀州窑的新纪元。

耀州窑创烧于唐，五代继续发展，北宋时期达到鼎盛。《宋史·地理志》中这样说，神宗元丰（1078—1085）至徽宗崇宁（1102—1106）30年间，耀州窑为朝廷烧制了大量的贡瓷，直到金代耀州青瓷依然是皇宫的御用瓷品。"南北沿河十里，皆其陶冶之地，所谓'十里窑场'是也"。

唐代为耀州窑的初创时期，始烧黑、白、茶叶末釉瓷和唐三彩及琉璃建材，品类多样，造型丰富，且多浑圆丰满。晚唐以后，为烧制优质产品，匠师根据窑区内原料的特性，通过学习越窑青瓷的先进工艺，创造了用北方馒头窑在还原焰中烧造优质青瓷的工艺，一改隋唐瓷业"南青北白"的格局，逐渐在北方独树一帜。中晚唐时，青瓷的烧制日渐加强。至五代，耀州窑迅速发展，制瓷工艺不断改进，以烧造青瓷为主流，创烧出犹如"雨过天青"色的高品质天青釉瓷。耀州瓷多采用划花、贴花、镂空、剔划花的手法进行装饰，器型多仿金银器，精巧秀丽。

宋代是耀州窑的黄金时期。由于制瓷工艺的突飞猛进，青瓷烧造渐入佳境，瓷品的品种、类别、数量增长迅猛，尤其是高档的青瓷精品大量涌现，代表着北方青瓷艺术的最高成就。此时的耀州瓷釉色苍翠、深沉、透亮，如冰似玉，造型古朴庄重，纹饰富丽多姿，构图严谨生动。其釉色、造型及纹饰格调一致，和谐完美，使人感到风清骨俊，遍体光华。那粗犷流畅的线条则恰似一曲刚烈、豪迈的秦腔旋律。

花开花谢云卷舒，过往兴衰逝如烟。耀州瓷，承载着中华千年活态文明的样式，在喧嚣的世间展示不变的宁静隽永，芳华永续。

178

古丝绸之路中外建筑史、艺术史、民族史、宗教史等的活化石

022

大唐盛世的丝路遗踪

河南省安阳市·丝绸之路

近年来，随着"一带一路"倡议的不断推进，在河南安阳殷墟宫殿宗庙遗址妇好墓中陆续挖掘出的755件玉器中，有300多件均为和田玉，现场还发现了马骨、有中东人特征的头盖骨、含有蚕茧等字样的甲骨文等，这证明了在殷商时期，安阳与西域已有贸易往来。早在3000多年之前，就有一条横贯中国的"玉石之路"存在。安阳，这座蕞尔小城，曾经是世界文明发祥地之一。

河南安阳是华夏文明的中心和中国八大古都之一，三国两晋南北朝时，先后有曹魏、后赵、冉魏、前燕、东魏、北齐六朝在此建都，素有"七朝古都"之称。因"一片甲骨惊天下"，殷墟成为古城安阳的城市符号。同时，安阳也是古丝绸之路东端起点之一。一段段被尘封3000多年的历史，逐渐被世人揭开了神秘的面纱。

文峰塔：操持一方风水大计

安阳是《周易》的发源地，耸立城中的"南北丛林之冠"的文峰塔，成为人们解读《周易》的一把"金钥匙"。

安阳殷墟是世界公认、当今中国所能确定的商代最早的都城遗址，被考证为华夏文明最早使用的文字甲骨文、世界上最大的青铜器司母戊大方鼎均在安阳出土。羑里城是《周易》（《易经》）的发源地，位于安阳市汤阴县城北4千米，是中国有文字记载以来第一座国家监狱。商朝后期，西伯姬昌（周文王）被商纣王囚禁在羑里城长达七年。期间，姬昌在监狱撰写了《周易》。

作为安阳地标的文峰塔，原名天宁寺塔。寺原建于隋仁寿（601—604）年间，塔修造于后周广顺二年（952），迄今已有1000多年。元、明、清三代都曾重修此塔。清乾隆三十七年（1772），时任彰德（即今安阳）知府的黄邦宁，主持修葺天宁寺和塔。他认为塔与南边孔庙（今安阳市西大街小学校内）遥相呼应，两者都可以代表古城的文化高峰，便在塔门横额上题了"文峰耸秀"四个大字，于是此塔又得名"文峰塔"，并一直沿用到今天。

文峰塔高38.65米，周长40米，壁厚2.5米。其塔身为五层楼阁密檐式建筑，从下至上逐层增大，然塔心为虚，可拾级登临览胜；塔外形上大下小，如伞巨撑，与一般上瘦下丰之塔入凌霄自有不同，此或为孤例；塔刹实为一覆钵式小塔，整体观之，塔上有塔，甚为少见。文峰塔以其精美的建构艺术，国内外罕见的建筑风格，令观者由衷赞叹。原中国佛教协会主席赵朴初有诗赞道："层伞高擎宰堵坡，洹河塔影胜恒河。更惊雕像多殊妙，不负平生一瞬过。"

对于文峰塔奇妙之处尤多的特点，梁思成先生在《中国建筑史》中亦称天宁寺塔"为他塔所不见"。梁先生所说的"所不见"，是指文峰塔的形制有许多不解之谜。如普通的塔都是下层大，上层逐渐变小，最上形成尖尖的塔刹。而文峰塔却反其道而行

之，下层小上层大，层层增大，最后形成一个上大下小的伞状；文峰塔的基础很大，却舍弃建造一个高入云霄的高塔，而是只建五层就突然刹顶。种种疑问应该如何破解呢？

疑问的焦点，自然落在源自安阳的中国传统文化之根 ——《周易》上，人们期许能从中寻找到答案。古建筑不仅是中国一种建筑风格的体现，同时也是中国传统文化和文化艺术的表现载体，从文峰塔的建筑特点切入，就可以领悟文峰塔背后所蕴藏着的深层次文化内涵。

文峰塔立面呈八角形的形制源于八卦，是佛教文化与儒、道文化相融合的产物。佛教源于印度，自东汉传入中国。佛塔也源于印度，随同佛教传入中国。印度佛塔一般呈

上图　安阳文峰塔，不仅是一座具有悠久历史和丰富文化内涵的古建筑，见证了历史的发展和文化的传承，是安阳城市形象的重要组成部分之一，它所承载的历史记忆和文化传承，使其成为了解中国传统文化和安阳历史的重要窗口。

半圆形，传入中国之后便与中国楼阁式的传统建筑元素相结合，产生出中国式佛塔。佛塔在唐代之前多为木塔，唐代以后砖木或砖石结构居多。唐代以前的形状以四边形、六边形居多，很少有八角形。宋代以后，佛塔以八角形较多，个别有六边形。佛塔形状的变化反映了佛教中国化的历史。

八卦塔有八角，分东、西、南、北四正位和东南、西南、西北和东北四隅位。四面八方都用砖砌成，二层墙砖凹形砌出八卦符

号，东方为震卦，西方为兑卦，北方为坎卦，南方为离卦，东南为巽卦，西南为坤卦，西北为乾卦，东北为艮卦，显示了文王八卦排列顺序，此为道教文化的产物。

文峰塔上的佛教浮雕造像的顺序反映了八卦的方位，印证了佛教与中国传统文化的融合。中国古代对八卦顺序的排列，以南为上，北为下，这与现代的上北下南完全相反。文峰塔一层上的浮雕以南方为上，正南方为三世佛，中为释迦牟尼佛，左右为阿弥

陀佛和弥勒佛，释迦牟尼佛为佛祖，居中面南而坐。西南方为坤，时为夏末秋初，万物滋润生长，已近成熟，浮雕为释迦牟尼佛说法像，表现佛法广布，蓬勃发展。正西方为兑，兑为金，为悦，时为秋，浮雕造像为悉达多太子降生。佛祖降生金碧辉煌，环宇庆贺，必为喜悦。西北方为乾，时为秋冬之间，阴阳相搏，浮雕为悉达多太子苦行，接受磨难。正北方为坎，坎为水，为险为陷，浮雕为观音菩萨造像，观音菩萨是中国古代救苦救难、有求必应的化身。东北隅为艮，既是万物之终又是万物之始，浮雕为释迦牟尼佛结迦跌座，飞天安然侍听。正东方为震，震为雷，时为春季，万物萌生，浮雕为释迦牟尼佛涅槃。佛法讲轮回，有死有生，死意味着生。东南为巽，巽为风为入，浮雕为波斯国王及王后侍佛闻法，表示佛法如春风一样广布世间。用八卦方位来表现佛教故事，体现了儒、道、释的"三教合一"。

文峰塔耸立在天宁寺的西南方也有一定的寓意。佛塔建筑的布局在中国历朝历代的发展有所演变。早期北魏的佛塔一般建在寺院中心。唐代一般将大佛塔建在大殿之前，或在殿侧，与大殿构成并列的形式。宋代则把佛塔建在大殿之后。文峰塔属宋代

左图　安阳文峰塔位于河南省安阳市古城内西北隅，建于五代后周广顺二年，至今已有一千余年的历史。这座塔不仅因其独特的建筑风格和精美的雕刻艺术而闻名，还因其丰富的文化内涵和象征意义而受到人们的敬仰。

建筑，为什么建在天宁寺的西南方呢？

从天宁寺的整体布局看，古代天宁寺是一个后天八卦图，以山门、天王殿、大雄宝殿和观音殿为中轴线，东西相互对应。西北角为乾卦方向，建有楼阁式八卦塔，表示其为刚健高大。东南角为巽卦方向，有波光粼粼的葫芦湖，表示其位之低。西南为坤卦方位，为文峰塔所建位置，体现了构筑者独具匠心的构思和深厚的文化修养。西南方属坤卦位，坤为地，文峰塔建于坤位，意为立于厚德载物的大地，形成塔顶青天、足立大地之势，对应了天地之间的沟链，形成天地人一体的格局，反映了《周易》的核心思想。

文峰塔只构建五层，其内涵也十分深厚。"五"在《周易》之中为奇数，奇为阳，偶为阴。五《系辞》："天一地二，天三地四，天五地六，天七地八，天九地十"，一三五七九为天之数，五居其中位，为天之中，可以理解为不早不晚，恰逢其时，为最好的天时，可谓得天之时，地之利。

千百年来，文峰塔象征着"文风鼎盛"，操持着一方的风水大计，骨子里却是不折不扣的佛门宝塔。远观近赏，它都让人一见难忘。文峰塔就像一位历史老人，见证了安阳古城的盛衰兴废，感知了安阳古城的过去和未来。

修定寺塔：盛唐遗构，国内孤例

一场不期而遇的鹅毛大雪连下三天三夜，把古都安阳的大山广川装扮成一片银色世界。在这雪虐风饕的艰难时节，我沿着坑洼不平的乡间小道一路奔驰，沿途除了荒芜，就是肃杀。我此行的目的地，是位于安阳城西北35千米的清凉山南麓，去寻觅一座塔中孤例，叫"三生宝塔"的修定寺塔。

关于这座具有辉煌历史的唐代遗存，国人心中有着永远的痛。在美国旧金山东方艺术博物馆、加拿大皇家博物馆、法国吉美博物馆和匈牙利 Ferenc Hopp 东亚艺术博物馆等，都有多块精美的浮雕藏品来自修定寺塔。这些遗失海外的修定寺浮雕，陆续在20世纪三四十年代被猖獗的文物盗贼偷运出境，令人扼腕痛惜。

一切有关唐代的事物或遗存，总会引起国人的极大期待，因为盛唐是一个符号，代表了中华民族的国富民强。这也是梁思成和林徽因在那个炮火纷飞兵荒马乱的年代，为什么还在竭力寻觅中国汉唐历史遗存的原因所在。

清凉山南麓果然气象，万千不同凡响，但见古塔周围群山环绕，树木葱茏，溪水潺潺，环境幽静。寺旁还散布着清凉山村、清池村、泉门村和南苇底村等古村落。古塔文保员对我这个顶风冒雪的不速之客充满了惊异之色，当了解来意之后，特意我为打开了古塔铁栅围栏的大门，并详细介绍了修定寺塔的前世今生。

修定寺塔，其所在的修定寺原名天城寺，创建于北魏太和十八年（494，早于少林

①②修定寺塔位于安阳市安阳县磊口乡清凉山村西侧，始建于南北朝，唐代重修，因其采用泥塑翻模雕砖制作工艺，远看庄严稳重，近看富丽壮观，体现了唐代浮雕和装饰艺术的高度成就，是我国现存艺术价值最高的一座琉璃砖花塔。1982年被列为国家重点文物保护单位。

寺2年），北齐改为合水寺，隋代易名修定寺。在佛教盛行的南北朝，天下闻名的修定寺是当时全国最大的寺院，各地高僧云集于此，僧员多达五百人，每日晨钟暮鼓不绝于耳。唐肃宗乾元元年（758）至唐代宗宝应元年（762）间，在北魏建筑基座之上又建造了新塔，故称"唐塔"，还因塔身表面遍涂了一层橘红色，俗称"红塔"。清末寺庙俱毁，唯塔独存。

中国古塔数不胜数，各具特色，但就装饰华贵、富丽堂皇而言，唯修定寺塔当之无愧拔得头筹。古塔远看状如一顶古代华贵的方轿，基座、塔身和塔顶三部分通高近20米。基座平面呈八角形，为束腰须弥座。装饰图案有天王力士、伎乐飞天、滚龙帐幔、花卉飞雁，以及仿木建筑结构斗拱等30多种。工艺细腻入微，精致生动。

塔身自檐部起整个壁面如同覆垂的一幅华丽的大帐幔，这是该塔的主体和精华部分。四壁由菱形、矩形、三角形、五边形，以及直线、曲线组合的各种形制的模制高浮雕花砖嵌砌而成，共计图案119种，雕砖3775块，面积逾300平方米。

修定寺塔北、东、西三壁自檐向下至壁面最下一层，共嵌砌雕砖13层，图案分布大体相同。南壁壁面除中部券门及左右力士外，帐幔布局与其余三面相同。其中壁面最上部的五层雕砖共同组成一幅挂在整个帐幔之外的帐头，上雕彩铃、华缨、彩带等装饰图案。自第六层砖起，至塔身最底一层之间，为整幅帐幔的帐身部分，均以菱形雕砖嵌砌而成。人物图案有梳圆髻穿袍服的真人，着方履肌丰腴的侍女，赤身扎肚兜的童子，戴尖帽舞蹈的胡人，顶盔贯甲的武士，轻歌曼舞的飞天，姿态万千的擒蛇力士等。动物图案有穿云破雾的蛟龙，仰天怒吼的雄狮，背负珠宝的大象，行云奔走的天马等。图案均形神兼备，栩栩如生。

各壁的最下一层砖，皆横嵌矩形砖一列，表面镌刻卷草花纹。塔身南壁开拱券门，内辟正方形塔心室。门楣有石刻三世佛造像龛，门外券顶上方正中嵌砌一大型砖雕兽面，门外两侧是护法四臂力士。塔顶于明代重修，其结构有塔盖和塔刹两部分，遍覆红、黄、绿三彩琉璃，也是全国罕见的琉璃顶花塔。

修定寺佛塔的这种形制，目前在印度的鹿野苑仍有保存。佛塔的基石上还刻有装饰性的佛像、魔羯头鱼、莲花造型、伎乐天等。修定寺塔简化覆钵上的小平顶、轮竿、相轮部分，覆钵上直安宝珠，并把早期佛塔基石部分强化成一段式的阁楼。修定寺塔的墙面，不外乎就是早期佛塔基石部分的演化，是具有相同的结构背景。同时，塔身多以胡人、狮子等西域元素加以雕饰，可见此佛塔构思与印度佛塔结构演变有着密切的相关性。

修定寺所在的安阳不仅是中国有文字记载、考古证实的中国第一古都（殷商），还是后赵、北魏、东魏、北齐等朝代的政治、经济、文化、佛教的中心，也是佛教汉化的形成地。隋唐时期，距离首都洛阳只有400千米距离的安阳，自然也是丝绸之路上的重要节点，这也是为什么安阳会有这座形制令人叹为观止，同时又带有众多西域元素唐塔的原因。

修定寺的修建，与两位著名历史人物密不可分：一位是北魏孝文帝，另一位是被誉为"中国式的观世音菩萨"张猛。相传，公元494年的春天，孝文帝来到修定寺一带狩猎。正值人困马乏时，突然从山中蹿出一只猛虎扑向孝文帝。就在此时跃出一位僧人与猛虎搏斗并驱走了猛虎，孝文帝躲过了这场血光之灾。为感谢张猛的救命之恩，孝文帝提出对张猛加封官职。张猛坚辞不受，只求孝文帝在此创建寺院，在全国恢复佛教活动。孝文帝当即封张猛为观世音菩萨（唐代以前观世音菩萨都是男性形象），回朝后立即拨款兴建寺院，并将寺院命名为天城寺。

此后，北魏孝文帝信奉佛法，在全国大力提倡佛教，加快胡人汉化运动，励精图治，北魏很快达到全面兴盛。其中汉化运动主要的内容有迁都、改革官制、禁止胡语和胡服、改鲜卑姓为汉姓、禁止同族通婚、礼乐刑法六个方面。孝文帝带头行动，改为元姓。孝文帝对北魏宗教艺术的发展也有很大贡献，当时最重要的佛教艺术形式，就是石窟艺术。我国三大石窟之一的洛阳龙门石窟就是

孝文帝迁都洛阳之后开凿的。少林寺是孝文帝于太和十九年（495）为远道而来的印度高僧跋陀修建的，著名的佛教圣地大同五台山也是在孝文帝时期兴盛起来的。

当年的修定寺成为全国的佛教寺院之首，其佛教活动繁荣不言而喻。佛教史书记载：北齐时期，全国寺院三万所，僧尼200万，仅京城安阳一带的寺院就有4000所、僧尼8万人。北齐天保五年（554），文宣皇帝高洋在修定寺院里兴建了最高规格的两座形制独特的塔，现仅存西面的红塔，即修定寺塔。无论从它的造型到结构，从布局到工艺，都别具匠心，建造艺术罕见，审美价值极高，不愧为我国古塔中之瑰宝。

"寺灵楚楚神韵万代福溢八方，塔影绰绰华丽千秋恩盈四面"。修定寺塔，千百年来就静静地矗立在山谷之中，与日月对影，与光阴对话。伫立塔下，我心中油然而生出一种震慑人心的历史和艺术力量，感受着大唐盛世——中华民族悠久历史中辉煌的篇章。

万佛沟：宝山之麓的中原"莫高窟"

洹水安阳名不虚传，3000年前就是帝都所在。除了世人皆知的惊世甲骨和青铜文明外，安阳还有众多璀璨的历史遗迹散落在周边的山川深处。其中距安阳西南约30千米的宝山山谷，就坐落着一座中国历史上著名的佛教圣地灵泉寺，那里有中国唯此一处品质最高的佛教造像高浮雕作品。

宝山之麓，山青泉碧，谷幽林深，真乃洞天福地。灵泉寺周边有八山环抱，其宝山、岚峰山、马鞍山的悬崖峭壁上，石窟、塔龛、佛龛、碑龛等星罗棋布，数以万计，俗称"万佛沟"。这里是我国现存规模最大、时代最早、延续时间最长的摩崖浮雕塔林，虽然现在人迹罕至，已荒芜了数百年，但其规模气势、审美价值和文化含金量，绝对属于中国佛教造像艺术的重量级。

灵泉寺原名宝山寺，东魏高僧道凭法师于武定四年（546）创建。隋开皇十一年（591），隋文帝诏寺僧灵裕法师（道凭的弟子）到长安，封其为国统僧官，管理全国寺院僧尼，又将宝山寺改为灵泉寺。唐代国力强盛，佛教盛行，当时的灵泉寺主持相当于国师，灵泉寺进入一个鼎盛时期，一度成为北方佛教中心，有"河朔第一古刹"之誉。

灵泉寺的中轴线上巍然挺立着山门、天王殿、玉皇殿、观音阁、大雄宝殿、千手千眼佛殿等院落，而两侧则是布局严谨、规模宏伟的关帝殿、厢房。另外，寺中特有的唐代双石塔、明碑、明清三拱石桥等文物也是精美绝伦。

寺西北现存一对单层方形石塔是中国最早的石塔，由塔基、塔身、塔顶组成，型制较小，仅有2.5米高，雕饰朴素。二塔相距4米，乃道凭法师的烧身塔，上刻"宝山寺大论师道凭法师烧身塔"塔铭和"大齐河清二年（563）三月十七日"的题记。

寺中还有唐代九级方石塔一对，为密檐

楼阁式，通高6米，由塔座、塔身、塔刹组成，四角呈抛物线形，很是优美。塔身镌佛祖、弟子及护法神王，神态各异，栩栩如生。塔座雕饰的乐伎，姿态各异，各持笛、笙、鼓、琵琶、箜篌等乐器，正在忘情地演奏，盛唐文化灿烂可见一斑。

由寺院向东西方向延伸的宝山沟，就是万佛沟，遍布摩崖浅窟塔龛，凿于东魏至唐宋，历600余年，现存石窟2座，塔（殿宇）龛245个，佛、僧雕像数百尊，高僧铭记百余篇，可谓洋洋大观。塔龛造型精致，样式各异，有的端庄古朴，有的玲珑雅秀，线条流畅惟妙，技艺精湛娴熟。因为这里的地貌类似于洛阳伊阙，这里的窟龛造像可与龙门媲美，所以这里又被称为"小龙门"。

灵泉寺的摩崖石塔若按年代编排，由此反映出历代塔式的沿革，是研究中国古代建筑史、石刻艺术史、佛教史、音乐史的珍贵实

① ②　①②图为大住圣窟。居于安阳宝山南侧石灰岩断壁上，开凿于隋开皇九年（589），石窟高2.6米，宽3.4米，面积约58平方米。门呈圆拱状，两侧各立一守门神，一为迦毗罗神王、一为那罗延神王。这两尊浮雕神像，各占一龛，身躯魁伟，顶盔贯甲，手持剑叉法器，脚踏牛羊，高大威武。左边的右手执剑，右边的左手执剑，两者左右呼应对称，有趣的是右侧者面部向身体左侧略偏，右手举过肩伸二指，看上去有与对方正在谈话之势。其服饰和飘带雕刻的线条流畅，具有丝绸纺织的效果，无意之中反映了当时我国古代纺织技术的水平。

物资料。灵泉寺东西两侧各有大住圣窟和大留圣窟，寺东的大留圣窟，由道凭法师凿造。窟内镌汉白玉石佛3尊，躯体雄浑高大，雕琢光洁柔美，可惜头被窃去。

大住圣窟开凿于隋开皇九年（589），窟门雕迦毗罗和那罗延神王，身躯魁伟，顶盔贯甲，手持剑叉法器，脚踏牛羊，巍然挺立。

窟外的墙壁上遍凿佛龛及雕佛刻经。窟内雕镌释迦、弥勒等佛像近百尊。窟顶呈宝相莲花藻井，周围环绕凌空飞舞的飞天，为沉寂的洞窟增添了无限情趣。

大住圣窟窟门外两侧各刻有两位神王像，这是中国佛教造佛高浮雕作品的巅峰之作。此造像或源于古印度石窟门两侧守门人。在中土，人们称之为力士、金刚、天王等，为护法护教之神。大住圣窟窟门两侧的武士像，一为"迦毗罗神王"，一为"那罗延神王"。

在佛教中，自然界的一切生物非生物及一些自然现象，如风、火、雷、电等都是佛的护法，这些护法的统领是为神王，"迦毗罗"和"那罗延"两位神王，实为两位"天"，所谓的"天"，乃是佛的护法"天龙八部"之一，所以大住圣窟门外这两位的辈分极高，并非普通的金刚力士。

在我国早期的佛教石窟窟门外，都刻画有神王像，如莫高窟285窟禅窟门外上层就刻有"摩醯首罗天"和"那罗延天"。开凿于北魏太和年间（477 — 499）的云冈第8窟拱门两侧是"摩醯首罗天"和"鸠摩罗天"。

这些早期神王大多是多头多臂的古怪模样，即使是童子容貌，也带有外族相，感觉很是隔膜。但是，大住窟前的这两尊神王像，虽然其面相尚有胡人貌，可从衣着到手持的兵器，已完全是华夏气息了，好像是两位中原武士将帅，庄严而不失威赫，可以亲近但又不可冒犯。石像虽刻于隋朝年间，但

北齐石刻那种衣纹疏简、服薄贴体、润泽体面，于外在静态中彰显内里活力的雕塑风格，在这两幅神王浮雕中依然可见。

大住窟窟门内左侧雕刻的是《传法圣师图》，自上至下分六层，每层刻四人，分两组，每组两人对坐共二十四人，以释迦大弟子迦叶、二弟子阿难为首，到第二十四位传人师子比丘。人像下层刻铭文，注列各人名号及传法谱系等。这幅圣师图的雕刻手法类同于汉画像及南北朝石刻线画，把形象轮廓之外的石面凿去，然后再以阴刻雕出人物五官、服饰衣褶等，是一幅别致的浅浮雕，据说是我国最早成组出现的罗汉图，今日相见也实在有缘。

万佛沟还有一大奇观就是百岁高僧吴云青的道家金刚体。吴云青生于清光绪十八年（1896），15岁时父母双亡，之后他离家出走，在陕西延安青化寺出家，1998年9月24日上午在万佛沟去世，享年102岁（另有160岁之说无从考证）。当天吴云青被安放于此地一瓷缸内，缸上扣瓷盆，缸外建石塔封闭。2000年12月24日夜，当打开石塔，掀去瓷盆，吴云青肤色深褐中透红，周身完好，肌肉仍有弹性，银色须发如初。吴云青金刚体完好如初，使灵泉寺更增加了一份神秘感和长盛不衰的吸引力。

右图　万佛沟唐代双石塔为密檐楼阁式，高6米。塔座雕的是乐伎，他们拿着笛、笙、琵琶和箜篌等各色乐器动情演奏，足见盛唐时期的灿烂文化。

023

伊水之畔的盛唐记忆

河南省洛阳市·丝绸之路

洛阳市以南 12 千米处，但见东、西两山夹峙，伊水从中间的峡谷流过，宛若门厥，所以古称"伊厥"。因为这里博大的岩体石质细腻优良，宜于雕刻，自唐代起，古人自

峡谷东西两崖的峭壁间开凿石窟，绵延数公里，后世称其为"龙门"。

唐朝是中国古代历史上国际化程度最高、影响最大、政治最强盛的统一王朝，中西文明交流与民族大融合都达到了全新的高度。盛唐初期，陆上丝绸之路畅通，东西文明之间的国际往来频繁，佛教文化艺术也达到了历史上的高峰。洛阳自唐高宗始为帝国东都之后，继隋代后重新登上中国的政治文化中心舞台，龙门石窟也迎来了空前规模

① ② ① ② 龙门石窟作为丝绸之路上佛教石窟寺文化传播重要的里程碑，清晰印证了佛教沿着丝绸之路传播发展的脉络，见证了佛教中国化、本土化的进程，像一颗耀眼的明珠镶嵌在广袤的古代丝绸之路的东方起点。

的开窟造像运动。

在国家行为的推动下，唐王朝的佛经翻译、兴建寺院与造像颇为兴盛。唐高宗与武皇后共同营建龙门石窟奉先寺大佛。武周代唐后，武则天定都洛阳，大力资助龙门石窟造像的雕凿。盛唐时期，高力士等人在卢舍那大佛组像间开龛造四十八尊无量寿佛等身像为玄宗祈福。盛唐初期的龙门石窟是唐皇室贵族崇佛与宗教政治活动的重要体现，造像以丰满健壮为美，在吸收西方雕刻艺术风格基础上，加以中国艺术精神，更彰显了大唐雍容华贵的审美与兼容并蓄的恢弘气势。

龙门石窟开凿于北魏孝文帝迁都洛阳前后，其后历经东魏、西魏、北齐、隋、唐、宋等朝代，时间约在493至907年。北魏及唐是开窟造像的两次高峰，共历时约150年。现存窟龛、碑刻题记两千余个（块）、佛塔40余座、造像10万余尊。魏晋南北朝时，造像大不同。各个时代的雕凿风格，反映了不同时期人们的审美时尚。

龙门石窟最显赫最精美的，当数奉先寺石窟群像，它代表了中国石窟雕塑艺术的最高成就，是一个伟大时代的象征，是东方佛教艺术的典范。盛唐是一个崇尚光明并充满朝气的朝代，不以苗条纤秀为美，开明、开放、富强是大唐的标志，这些特征在奉先寺及卢舍那大佛身上都有所体现。

凡是到过龙门石窟的人，都会被卢舍那大佛的博大壮美所震撼。大卢舍那像龛位于西山南部半山腰间，也称九间房。此龛在开窟造像时别具匠心，一反常规，不采取全部开凿洞窟的方式，而是依山就势在露天的崖壁上雕造佛像，烘托出一种浑然天成的浩然大气。摩崖像龛南北宽36米，东西进深40米，为一巨型露天窟龛。

历史记载卢舍那大佛是武则天的"报身像"。武则天自起名"曌"，意为光照乾坤，而卢舍那的译意正好为"光明遍照"。卢舍那大佛开凿于唐高宗咸亨三年（672），据说这是唐高宗给时为昭仪的武则天专门开凿的。当年武则天正好48岁，一人就捐钱两万贯。佛像开凿花了3年又9个月时间，直到唐高宗上元二年（675）才完工。

这座高高的卢舍那大佛就是武则天皇后的形象与仪表，大佛的头部则是武则天48岁时容貌的再现，大有母仪天下的威严与风度。卢舍那佛像总高17.14米，头高4米，耳长1.9米。佛像丰颐秀目，嘴角微翘，呈微笑状，头部稍低，略作俯视态，宛若一位睿智而慈祥的中年妇女，令人敬而不惧。

684年，武则天临朝称制。到690年，武则天直接自称圣神皇帝，国号为周，改元天授，成为封建社会和中国历史上唯一一位女皇帝。

整个奉先寺石窟造像，始凿于唐高宗永徽元年（650），历时15年才完工。奉先寺的雕塑群是一个完美的艺术整体，充分显示了唐代皇家石窟的恢宏气派，更体现了大唐帝国强大的物质力量和精神力量。卢舍那大佛侧旁还有其弟子阿难、迦叶、胁侍菩萨和力士、天王的雕像。这些雕像，有的慈祥，有的虔诚，而天王、力士像，则是面目狰狞、咄咄逼人，把主像烘托得更突出。造像间既有主从、文武的对比，又有和谐与呼应。

阿难文静温顺，外表朴素；菩萨华丽、端庄、幽静、矜持；天王肃穆、硕壮、狰狞，具有镇压邪恶的力量；力士刚强，生性暴躁；即便是承担着天王沉重身躯的地神，都被雕刻得出神入化，具有一种奋力对抗的精神。这些雕像虽然是大唐佛教雕塑中常见的类型，但是仍然显示出中国古代艺术家独特的匠心。

奉先寺石窟已在滚滚东逝的伊水之畔默默地伫立了1500年，虽然卢舍那大佛的双手及腿部以下，因千年的地质运动及气候变化而塌毁，如今的人们已经无法真切地看到当初大佛粉装一新、万众膜礼的盛况。但是，从现存残缺的造像透出的气场，仍然可以感悟当年那浩大的场面。毋庸置疑，这里的一切，所表现的都是大唐盛世的宏大和繁荣。

右图　雄伟壮观、自信包容的龙门石窟卢舍那大佛，是佛教石刻艺术的最高峰，也是佛教中国化的文化艺术杰作，成为中国佛教石刻艺术乃至东方文明的象征。她以慈爱之心目送从洛阳启程的丝路行者，又敞开胸怀包纳东渐贵宾，因而丝路往来者在龙门石窟留下了丰富多彩、形式各异的文化交融。

揭示了中国人民开放包容、兼收并蓄的胸怀、气度和眼光

024

海上书香之路

浙江省宁波市·海上丝路

海上丝绸之路不仅是经济贸易之路，同时也是文化繁荣之路。浙江宁波天一阁"书不出阁"，却书香四溢，谱写了海上书香之路的传奇故事。

宋代碑刻：见证明州港与高丽、日本的千年海上交往

天一阁是宁波的文化地标，也是中国文化的宝库。在宁波天一阁尊经阁西边院墙上，有一处明州碑林胜境，共计碑刻173方。其中自北至南依次排列着三块形制粗陋的刻石，字迹大小与深浅不一，内容难以卒读，很少有人注意。但这三块"貌不惊人"的刻石却大有来头，这是有关南宋明州港对日本交通贸易的刻石。碑刻记录了宋孝宗乾道三年（1167），三名居住日本的华侨在明州舍钱修砌"礼拜路"，奉献功德的经过。这是宁波迄今为止所发现的宋代明州港最早的文物遗存，也是有关明州港对日本交通贸易历史最早的文物遗存。

据专家推断，此三人系华侨，他们从侨居国日本出发来到祖国明州，不是归乡，而是营生。他们极有可能是"水手"，也就是海员。南宋《宝庆四明志》记载："明州南通闽广，东接日本，北距高丽，商舶往来，物货丰溢。"这说明当时明州港的主要贸易对象为高丽国（今朝鲜半岛）和日本国。

刻石主人的居住地为日本国太宰府博多津。博多津就是博多港，历来就是日本遣唐使

① ②

① 宁波鼓楼是宁波建城的标志，也是宁波市仅存的古城楼遗址，见证了宁波城1200余年的变迁。鼓楼的传承与创新，只是海曙区的一个缩影。如今，千年海曙正在以新的动能不断焕发新的生机。

② 图为天一图古戏台。四明山麓、甬江之畔、东海之滨的浙江宁波，在八千年前，就是先民耕海牧渔之地，在上千年前，已成太平洋西岸的"海丝"大港。宁波地处海洋文化与儒家文化的交汇点，拥有璀璨的文化遗产。宁波作为中国大运河和海上丝绸之路的节点城市，守正不守旧、尊古不复古，以和平、平等、共存的东方海洋文化精神，影响扩及亚洲至世界，开辟了文化交流与文明演绎的新路径。

的出发地,是日本对外交通贸易的门户。《宋史·日本国传》《宋会要·互市舶法》等史籍,曾多次记载日本国太宰府遣使致牒或委托海商致送礼物于明州官府的史实。这批刻石的发现,从实物上印证了史籍所载两国地方官府之间的交往和两个姐妹港之间的密切关系。

宋朝政府曾指定宁波为通往日本、高丽的特定港口。明代的明州港,是中国与日本进行贸易往来的唯一合法港口。这也注定了宁波的海上丝绸之路对日本、韩国影响深远。这种影响并不仅仅在经济方面,还包括文化、宗教等各个层面。

"和刻本""高丽刻本"的意义远胜"丝绸与香料"

明州港是东海贸易圈的重要支点,天一阁为明代藏书建筑的典范,在世界古代藏书楼(室)占重要地位。天一阁是中国现存最早的私家藏书楼,也是亚洲现有最古老的图书馆和世界最早的三大家族图书馆之一。

一进天一阁大门,范钦铜像便映入眼帘,他峨冠长髯,手捧书卷,正襟危坐,尽显端庄优雅风范。名扬四海的宁波天一阁藏书楼,正是这位阁主穷其一生心血和智慧营造的精神高地。天一阁历经四百年风雨沧桑，写下了一部家族藏书的传奇。

天一阁始建于明嘉靖四十年（1561）至四十五年（1566），是当时明朝兵部右侍郎范钦所建的私家藏书楼。天一阁之名，取义于汉郑玄《易经注》中"天一生水"之说，因为水能克火，所以取名"天一阁"。范钦喜好读书和藏书，平生所藏各类图书典籍达7万余卷。所收藏图书以方志、政书、科举录、诗文集为特色。由于一度位高权重，范钦的一部分藏书为官署的内部资料，普通藏书家只能望其项背。

天一阁的大量藏书，曾通过海上丝绸之路流传海外，在中外文化交流的"书香之路"上作用甚辉。如今，在天一阁的藏书楼中，参观者透过冰格花窗，隐隐约约可以看到书箱中打开的珍本线装书停留在某一页，似乎在述说着遥远的过去。

在天一阁西北侧的北书库一楼橱窗里，除传统的经、史、子、集和文学类的作品外，还陈列着几本古色古香的"和刻本"和"高丽刻本"。近代的私家藏书楼中，收集和保存日本翻刻的中国书籍和日本人编撰、刊刻的书籍，即为"和刻本"。天一阁大约收藏了100种"和刻本"，以距今三百多年的江户时代中期以后翻印、刊刻出版的书籍为主。其中最早的是1643年（日本宽永十二年）的《武经》四册。此外，收藏中还有两三种"高丽刻本"。这些珍贵书籍分别由别宥斋、蜗寄庐、伏跗室及樵斋等甬上藏书楼后人在20世纪六七十年代捐赠，以前一直珍藏在书库中，从未对公众展示过。

这些地理、地图、人文历史、医学、语言学类的书籍，在历史上曾对日本文化和现代化进程起了相当大的作用。如1856年由宁波华花圣经书房出版的《地球说略》一书传到日本后，在明治初年一度成为日本学校的世界地理教科书。

这些"和刻本"包含了大量的历史信息，这条起自中国的"海上书籍之路"，在公元前后通达朝鲜半岛，五世纪延伸至日本列岛，从南朝到近代的一千五百多年的时间里从来没有间断过。隋唐时代，中日直达航线开通，书籍交流盛况空前，至明清时代不衰，

① ②

① ② 在宁波市中心，月湖西岸，茂林修竹掩映着一幢重檐硬山顶的二层砖木结构建筑。它其实是一幢小楼，并不巍峨，却别有一番高华的气度。它就是著名的天一阁。在清中叶以后，天一阁已成为天下藏书楼的典范，是中国书籍文化的重要载体。不是直辖市也非省会的宁波，因为天一阁的存在，与北京、上海、南京、杭州并列，拥有全国古籍善本收藏量排名前10的藏书机构。

书籍对当地人的影响力，从深度和广度上，远远超过香料、丝绸等商品。

绵延千年的中华文化对外输出

宁波港是中国向日本、高丽和其他东亚国家输出货物和书籍的主要始发港口，客商从中国各地搜罗来的书籍都集中在当地后，起航运往日本长崎、大阪等地周转。据统计，仅1840年至1855年的16年时间里，通过"海上书籍之路"运往日本的书籍就达3407种。

在宋代以前至日本江户前期，中日之间的文化交流主要是从中国输向日本。中国书籍大规模地、持续地向日本输入，并且在日本迅速翻刻流传，这在世界文化史上都是少有的。而在19世纪末、20世纪初，近代中国开始向日本学习交流，传播的主流发生了变化，日本文化由外引进转而向外输出。

书籍交流已成为当时对外交流的重要特征，日本方面也收藏了不少天一阁的书籍。其中内阁文库收藏有《天一阁书目》、《范氏奇书》20种、《范氏天一阁碑目》等6种；东京大学收藏有《周易略例》一卷（明嘉靖天一阁本）、《周易举正》（明嘉靖天一阁本）、《竹书纪年》（同前）3种。

而对中日文化产生较大影响的还有《天圣令》明钞本，原书30卷，1998年在宁波天一阁找到残本10卷。该10卷内容涉及土地、赋税、仓库管理、医疗、监狱、休假、丧

葬等多方面，向世人展现了唐宋时期令文的部分原貌。该书有许多法律条文是现存史籍中未见记载的，有不少条文比现存史籍所记更完整，对唐令复原、唐宋制度与社会变迁，以及中国法制史研究及日本古代律令的形成等研究极具重要的学术意义。此书2008年在中国印刷出版，当天日本就买走了200部，并专门成立《天圣令》官方研究所。

"宝顺轮"的秘密揭开中国轮船时代的发端

宁波的"海上丝绸之路"，是中国通向世界的海上通道之一，从东汉末年与外发生联系后，基本没有中断过，这在"天一阁"珍藏的宁波地方志中可以找到佐证。宁波地方志中保存最早的为宋朝时期，涉及的海防地图、岛屿、海塘，为我们现今研究当年海上航线的地点、航路、导航技术、造船技术、国内航线和国外航线的对接，军事和商业之间

的结合等提供了实证。

在"天一阁"所藏的文献中，还发现众多不为人知的中外文化交流的细节。1851年，美国来华传教士玛高温在宁波出版《博物通书》，这是最早介绍西方电报知识的专著。但在很长一段时间内，中国一直没有找到这部著作。近几年，学者们却在天一阁博物馆中发现了这部著作。在序言中，玛高温通过引述儒家典籍，论证了中国儒者必须了解西方的科技成就。

1851年5月出版的英文杂志《中国丛报》曾经以充满疑惑的笔调评论说："谁也无法预知，玛高温这部著作所包含的信息会洒落在什么样的土地上，更不能预知它能结出什么样的果实。"今天中国网络与手机的高水平发展，就是对一百多年前《中国丛报》所提问题的最好回答。以电报为代表的西方近现代通信技术，已经在中国这块土地上生根、开花、结果，并且结出了丰硕的果实。

在天一阁藏书中，我们还了解到了中国第一艘轮船的来龙去脉。宝顺号轮船是近代中国引进的第一艘轮船，揭开了中国轮船时代的序幕。但是这一艘轮船的具体细节，为什么要取名"宝顺"为船名？它又是在什么地方建造的？长期以来，学术界一直朦胧不清。2009年底，宁波发现了宝顺轮的一些账单，其收藏者是当时宝顺轮一位股东的后代。这批史料多数是用英文写的，这为进一步揭开宝顺轮的秘密提供了宝贵的线索。以这些账单为线索，再结合天一阁等收藏的中外文史料，最终考证出宝顺轮的详细情况。宝顺轮是英国在华公司宝顺洋行委托美国 John Gray 公司于1851年在纽黑文建造的，建成之时就根据公司的名字被命名为"宝顺"。宝顺轮作为第一艘属于中国人自己的轮船，标志着中国轮船时代的到来。

"海上书籍之路"充分说明了中国人民开放包容的胸怀、气度和眼光，由此印证了中国传统文化的丰富博大，并对外来文化的兼收并蓄。中华文明并不是在与世隔绝的环境中发展起来的，而是通过吸收外来先进文化而不断成长丰厚。香料、丝绸终究腐烂、湮灭，而书籍的生命力却穿越时空，传承千秋。天一阁作为宁波的一个文化符号，将以全面开放的姿态，让"海上书籍之路"更加绵延流长。

右图　图为宁波天封塔。当年的船只经明州港入境，先看到的明州港的航标，就是天封塔，船舶靠岸后，到市舶司（今天的江厦公园内）申报和查验；然后到府衙所在地鼓楼去盖章、领取通关文书。沧海桑田，如今从天封塔、鼓楼到江厦公园，都地处宁波市最繁华的商圈"天一商圈"，而曾经的波斯人聚集的地方波斯巷，就在天一广场内。

海丝文化是宁波地域文化的核心 IP，渗透于宁波文化的方方面面。兼具赓续绵延的历史底蕴和继往开来的文化活力，正源源不断地为当代海上丝绸之路注入人文能量。当前，宁波进一步发挥港口资源优势，畅通对外开放通道，充分展示海洋文化与大陆文化交汇的地域风姿，高水平构建港城文化开放大格局，打造现代化滨海大都市高能门户，推动中华优秀传统文化尤其是当代创新成果多渠道立体化"扬帆出海"。

宋元时期杭州曾为“海上丝路”重要节点和国际性大都市的历史见证

025

“天上之城”的阿拉伯记忆

浙江省杭州市 · 海上丝路

杭州，这座江南名城，曾被马可·波罗誉为世界上最美丽华贵的"天上之城"。九百多年前，杭州已开始呈现多元文化的绚丽色彩，具有高度的"国际化"特征，其中位于杭州市中山中路的凤凰寺，印证了这一段东西方文化交融互通、姹紫嫣红的灿烂历史。

宋元即为国际性大都市

在杭州城的发展历史上，宋元两代尤为辉煌。 宋建炎三年（1129），南宋以杭州为国都（行都，名临安），到了1275年前后，人口已超过百万，城市社会、经济、文化发展非常繁盛。此时，京杭大运河已成为商品流通的大动脉，涌入运河两端的商品数量极大，尤以杭州最巨。大运河最南端的地理位置，对杭州的辐射效应由此凸显。元代时，杭州作为江浙行省首府，成为当时首屈一指的国际性大都市，来自中西亚、欧洲、非洲等不同种族、不同文化的人士在杭州交流互通。

其中，伊斯兰文化也极其兴盛。自南宋以来，以"御道"旁的凤凰寺为中心，形成繁荣的穆斯林聚居区。凤凰寺又名"真教寺"，与中国沿海地区的扬州仙鹤寺、泉州清净寺和广州的怀圣寺，并称伊斯兰教四大古寺，在阿拉伯国家中享有盛誉。凤凰寺创建于唐朝，到宋朝时被毁。1281年，元朝著名伊斯兰教人物阿老丁开始重修凤凰寺，明朝在1451至1493年期间再次扩建重修，最终形成凤凰寺的建筑群规模。

如今的凤凰寺礼拜殿为元至正元年（1341）遗物，是一座砖结构的无梁殿，其上覆以砖结构穹隆顶。在穹顶之上，建攒尖屋顶，中间攒尖顶作重檐八角形，两旁为单檐六角形，具有明显的中国传统建筑与伊斯兰教建筑相互融合的特色。礼拜殿后壁设有读经台，中间一座上有木雕经函，上刻《古兰经》经文，相传是明景泰二年（1451）重修时设置的。

二十方古碑传递的"海上丝路"信息

在这座古寺中，藏有21方古碑。其中，20方为元代阿拉伯文古墓碑，1方为明代古波斯文寺碑。这些珍贵的历史遗存，对破解杭州的历史文化，尤其是伊斯兰文化具有极高的文物和史料价值。这些所藏的墓碑，石质、刻纹极为讲究，大部分墓碑尺寸相对较大。从墓碑铭文的内容而言，相对较长，

① ② ① ② 杭州是古代中国与西方"一带一路"的重要节点，因为它拥有得天独厚的地理位置和交通条件。元朝都城大都与杭州有运河相连，阿拉伯、波斯海商在印度西南部进行贸易中转后，下一个目的地往往是中国沿海地区。享有河运、海运、仓储之便，尤其是拥有丰富物产，且直达元朝大都的杭州显然是商贾首选。在海上丝绸之路畅通的同时，陆上丝绸之路也常以杭州为始点。史料表明，元时杭州穆斯林人口稠密，占有城市中心繁华区域，一度还拥有数座清真寺。

有对墓主的生平描述，也有大段的波斯语诗歌，所含信息量极为丰富。

然而，释读阿拉伯文和波斯文的古碑铭文非常困难，不仅要求释读者精通古阿拉伯语和波斯语，还要熟悉变体众多的特殊碑铭体，而且墓碑石花漫漶，辨识音点非常困难，常常是差之毫厘，谬以千里。虽然这些古碑很早就引起回族经师和国内外学者的注意，然而却一直未能完整地加以释读。

在当今国际化、全球化、信息化大势所趋的大背景下，对凤凰寺所藏阿拉伯文、波斯文古碑铭文的释读，不仅可以进一步研究伊斯兰教对杭州经济文化和社会生活的影响，也可以重绘当时经济社会发展和文化融合的情况，以及杭州在"一带一路"中具有的举足轻重的地位。

通过中外学者专家数十年的连续发掘和悉心研究，现已取得了重大成果。墓碑凡纪年信息尚存的，都显示为元代，其余墓碑形制大致相同，年代相去不远。墓碑铭文显示，在

这些墓主人中，有波斯人、阿拉伯人、中亚人和突厥人；其所从事的职业，有商人、行省高官、军事官员，以及纯粹的宗教人士；从宗教派别看，有逊尼派、什叶派、苏菲派；他们多从陆路而来，有一位墓主甚至就来自汗八里，即大都（今北京），也有个别通过海路而来。

这些人的社会地位普遍较高。如伊斯兰先贤卜合提亚尔，全名"不花剌人异密·卜合提亚尔·宾·补白克·宾·乌马儿"，无论地望、父祖姓名，都显示他应当出自元代赫赫有名的赛典赤家族。该家族世镇云南，有一支后裔在江浙行省担任行省高官。其他墓主虽然族源各不相同，但社会地位都较高。

宋元时期"海上丝路"交通重要节点

种种证据表明，元代杭州穆斯林人口繁庶，大商富贾众多，聚居区位于市中心繁华地带，面积广大，拥有数座清真寺。这种繁荣显然深深植根于当地社会经济中，而不仅仅是用单纯的政治原因所能解释的。在宋元时代，中国海商与阿拉伯、波斯海商在印度西南部进行大规模中转贸易，并与地中海、波罗的海贸易圈遥相呼应。杭州，作为江浙行省省会和京杭大运河南端城市，是这些港口进入江南腹地的重要节点。

通过大运河，杭州与大都直线贯通，而大都作为元代的首都，甚至是当时欧洲商人的目的地。在元代和平时期，横贯欧亚大陆的交通前所未有地畅通无阻。墓碑铭文反映，数位墓主经商泛海远至巴格达，并前往麦加朝拜。细香料、药材和宝石是其贩卖的重要商品。也有墓主自陆路而来，并不排除经商的可能。墓主们雄厚的财力显然与他们从事海外贸易有关。

与唐宋时期来华的穆斯林相比，这些都是前所未有的新特征。彼时聚居于"蕃坊"的穆斯林多为阿拉伯或波斯商人，通过海上丝绸之路而来。而元代杭州穆斯林无论其族源的多元性、参与社会政治经济生活的深度、聚居区繁华程度，都是唐宋蕃坊所不能相比的。

这些墓碑还有一个共同的特征：其形制为穆斯林式，使用语言为阿拉伯语和波斯语，但许多刻纹却带有明显的汉式。这充分表明，早在 700 多年前，杭州国际化所达到的程度已经远远超出我们的想象。那是一种既保持某种共同的认同，又宽容而多元的"全球化"。这在全球化势不可挡的今天，足以令人震撼。在共同推进构建人类命运共同体的大背景里，这条航路还在延续。

左图　图为凤凰寺望月楼。凤凰寺珍贵古碑铭文除了记载凤凰寺沿革史，留存古代杭州回民风俗等珍贵历史记忆，更重要的是记录了当年杭州与丝绸之路沿线各国的贸易和文化交流。碑主大多为拥有相当社会地位的商人、官员和宗教人士，"回回大师"阿老丁的墓碑也在其中。在这些墓主人中，有波斯人、阿拉伯人、中亚人和突厥人，充分说明当年杭州海上丝路经贸文化的交流互鉴。

连接中日两国文化交流的纽带与桥梁

026

天童宗风播海外

浙江省宁波市·海上丝路

宁波东郊太白山，山脚下的繁华世俗，纵横宽阔的通衢大道车轮滚滚，夜以继日，山上则是另外一个清静世界。一座大隐于江南海边、迄今1700年历史的寺院，曾在海上丝绸之路上成为中外文化交流的桥梁，它就是佛教禅宗五大名刹之一的天童寺。

宁波历史上素有"东南佛国"的称号。三国孙权时，西域僧人那罗延在慈溪五磊山结庐礼佛，这是宁波佛教的兴起。到唐宋时期，佛教在宁波大为盛行，城内有七塔寺、延庆寺等，鄞县有天童寺、阿育王寺、金峨寺等，慈溪有保国寺、普济寺、永明寺、五磊寺等，镇海有宝陀寺、瑞岩寺、灵峰寺等，奉化有雪窦寺、岳林寺、净慈寺等。特别在宋代，阿育王寺和天童寺为禅宗五山之二，临济宗高僧大慧宗杲主持阿育王寺，提出"默照禅"的名僧正觉主持天童寺。

8世纪，也就是宋朝时期，宁波作为海上丝绸之路主要始发港和登陆港之一，从宁波横渡东海到达日本列岛南部的新航线已经出现。繁荣的宁波佛教文化必然和海上丝绸之路有着千丝万缕的关系，而宁波乃至中国的佛教文化也正是通过海上丝绸之路传播到了日本群岛、朝鲜半岛。宁波是日本曹洞宗的"圣地"，而天童寺则是这一"圣地"的象征。

天童寺坐落于层峦叠嶂的太白山下，始建于西晋永康元年（300），其建造历史比宁波中心城区还要早几百年。在唐朝时，它被题名"玲珑""天寿"，宋代赐额"景德"，明太祖洪武十五年（1382）正式定名为"天童寺"。

① ② 天童寺始于西晋，经唐至宋，逐渐成为中国禅宗的主要寺院，至南宋又居官寺禅院"五山十刹"之列。作为中国与日本佛教交流的文化圣地，天童寺展现了汉传佛教沿海上丝绸之路东传日本并持续影响东亚宗教文化发展的历程。

宁波是海丝古港的"活化石"，也是海上丝路与大运河握手的地方。这里有以元代永丰库为代表的海外贸易管理机构；以上林湖越窑遗址为代表的大宗贸易物品生产遗址；以天童寺为代表的佛教文化的对外传播；以保国寺为代表的建筑技术等的对外传播。在当下，重新解读宁波这座海丝之城的历史魅力具有重要的意义。

《宝庆四明志》记载："晋永康中，僧义兴诛茆缚屋（伐茅草建陋屋）山间，有童子来给薪水，后既有众，遂辞去，曰：'吾太白一辰，上帝以师笃道行，遣侍左右。'语讫不见，故称义兴者曰太白禅师。"这便是宁波名刹天童寺的雏形。唐开元二十年（732），太白精舍重建。唐至德年间（756—758），迁址于现在所在地太白峰下，逐渐成为禅林名刹。大概在宋宁宗时期，政府设立五山十刹制度，天童则列禅宗五山之第二。

现今的天童寺，全寺占地面积7.64万余平方米，建筑面积达3.88万余平方米，有殿、堂、楼、阁、轩、寮、居30余个计999间。在宁波的历史上，曾有过很多有规模、有影响的知名寺院，大多已经衰落或尽毁，但天童寺却历经1700余年几度重建而不倒，就像是一个"活化石"，成为研究宁波本土佛教、茶、陶瓷、饮食、绘画等诸多文化的密码。而寺内现存的建筑群，本身就是一座充满了传奇故事的博物馆。

天童寺还有更为重要的意义，即其在海上丝绸之路上的作用，或者说其对海外特别是日本佛教文化的影响。日本往来明州的贸易商船上，僧人往往是重要的搭乘人员。日本僧人仰慕中国佛法，入宋学法；宋朝僧人胸怀弘法大愿，东渡传法。其中，地处明州且禅法精深的天童寺成了日僧的目的地和中国僧人的出发地。天童寺，它曾迎来沿着海上丝绸之路传来的印度佛教，又沿着海上丝绸之路将本土化后的佛教传到日本。《天童寺志》记载，宋、元、明时期，32批日僧到天童寺参禅、求法，11批中国僧人赴日弘法、传教。把中国禅宗传入日本并创立临济宗、曹洞宗的日僧荣西、道元，都是从天童寺归国后开山立派的。

《天童寺志》中记载，宋、元、明时期，到天童寺参禅、求法的日本僧人中，荣西、道远、雪舟等最为有名。荣西是将禅宗传入日本的第一人，他的老师是禅宗临济宗大师、天童寺住持怀敞。文献记载，南宋淳熙年间（1187），荣西第二次入宋，随怀敞学习禅法，宋孝宗曾赐他"千光法师"的称号。荣西回日本兴禅布教，开创建仁寺，并创立日本临济宗"千光派"。他习得宋式禅院的建筑技艺，在日本京都、镰仓等地建造了一批明州风格的寺院，这些寺院后来成为日本汉文化的中心。荣西还将茶种带回日本，撰写《吃茶养生记》，后被尊为日本茶祖。

道元是荣西的再传弟子，南宋嘉定年间（1223）入宋求法，后拜在天童寺方丈如净座下，学习曹洞宗禅法。随侍三年，他得到如净印可和传法信物，回到日本开创永平寺。永平寺的寺院平面布局按宋时明州天童寺格局建造，呈禅宗寺院布局，有"小天童"之称。现今曹洞宗已发展成为拥有数百万信徒的日本佛教大宗门。曹洞宗以道元为开山祖师，由此天童寺也就成为日本曹洞宗的祖庭。

天童寺在中日之间的佛禅之缘源远流长，历史上有不少天童寺高僧东渡日本传教，最后大多葬在了日本。其中在日本影响最为深远的是道隆和祖元。道隆在南宋淳祐年间（1246）东渡日本，创建了建长禅寺，自此，日本有了禅寺之称。1256年，道隆亲自为北条时赖剃度，幕府将军皈依禅宗，对日本影响非常深远，禅宗成了该时期主流意识形态，从上到下，皆信禅法。道隆也是日本有禅师称号的第一人。道隆对日本文化的影响，除了首次将纯粹的宋地禅宗传入日本之外，还将宋代的程朱理学、绘画艺术、书法艺术等传入了日本，极大地影响了日本的传统文化进程。

道隆之后，日本执政北条时宗再求高僧，天童寺寺首祖元携弟子东渡。祖元会日语，他直接向日本传授禅法。祖元不仅是当时圆觉寺的开山住持，且兼管建长禅寺。祖元圆寂后，为表彰他的功德，被给予"佛光国师"和"圆满常照国师"的最崇高称号，并命能工巧匠依据他的面容雕一尊等身坐像。

日僧雪舟有"画圣"之誉，是日本水墨画（汉画）代表人物。明成化年间（1467）雪舟来到宁波，入天童寺参禅。他研修佛法与书画，还与画家詹僖、金湜、徐琏等结下深厚友谊。他寻山水、访名士，将三江口的风帆、育王寺的古塔、东渡门的码头、四明山的飞瀑一一收录笔下。翌年，他受邀为京城礼部院中堂作巨幅壁画，得明宪宗朱见深赏识，命为"天童第一座"。

回日本后，雪舟继续保持"天童第一座"的禅风，穿着禅衣，离开闹市，隐居在大分、丰后和山口。他在海滨建造的"天开图画楼"，楼名就取自宋代诗人黄庭坚的"天开图画即江山"之句。他的作品,有不少以宁波的山水风物为特色,特别是他晚年的作品,常署名"天童第一座",表达他对宁波的眷恋和钟情。

如今,雪舟流传下来的画作大多由各国美术馆和博物馆收藏。明代宁波的盛景,在他的画作中都能"对号入座":《宁波府图》,展现了宁波城市的总貌,东渡门、和义门、盐仓门高耸,当时的标志性建筑天封塔、天宁寺双塔等历历在目;《镇海口图》上,立在招宝山侧的一座四方城池,城内民居、官邸和寺庙鳞次栉比,水面上帆樯林立,一派海疆雄关胜景……

历史上,不仅是来到天童寺的日本高僧,就连日本高僧的侍从,也成了文化的传播者。南宋嘉定十六年(1223),日本人加藤四郎作为侍从随道元禅师来到天童寺,在中国学习了 5 年制陶技术,归国后在日本的尾张、濑户烧制黑釉瓷,这其实是一种陶器,人称"濑户烧",后来加藤四郎被誉为日本的"陶瓷之祖"。

一座穿越千年的寺庙,竟然成为连接中日两国文化交流的纽带与桥梁。天童寺的历史价值和文物风貌,对传播中国故事、彰显文化自信具有里程碑意义。

下图　作为禅宗名刹,天童寺宗风丕振,名僧接踵,大德辈出,不仅为帝王显贵所推崇、文人墨士所青睐,更是成为日本僧人慕名前往朝拜和参访的重要道场,据《天童寺志》记载,天童寺与日本佛教界的交往可谓长久深远,历代来寺院参修的日僧有 32 人之多,而历代赴日弘法的寺僧也有 11 人,是为"海上丝绸之路"佛教文化交流的热土。

关于本书参考文献和索引

[1] 周伟洲."唐蕃古道"与"一带一路"建构中的西藏 [J]. 西藏民族学院学校（哲学社会科学版），2016（1）:1-3.

[2] 崔小莉.青海在"一带一路"建设中的地位和作用 [J]. 改革与开放，2018（15）:45-47.

[3] 梁勇.万里茶道·河北 [M]. 石家庄市：河北教育出版社，2023.

[4] 李现云，刘文清，魏惠平.万里茶道河北段文化遗产调查与研究 [M]. 天津：天津古籍出版社，2018.

[5] 罗建军.我国现存最完整的古代大型驿站 —— 鸡鸣驿 [J]. 档案天地，1999（3）:44.

[6] 杨新.蓟县独乐寺 [M]. 北京：文物出版社，2007.

[7] 勒依.王伟·百年沧桑史册载 麦粒落地起新生——记天津望海楼天主堂 [J]. 中国宗教，2007（1）:58-59.

[8] 索朗旺秋.察隅民俗文化风情录 [M]. 北京：民族出版社，2015.

[9] 强巴次仁.洛扎碉楼 [M]. 成都：四川美术出版社，2017.

[10] 李夏.贡山丙中洛：人神共居的伊甸园 [M]. 昆明：云南美术出版社，2006.

[11] 张跃，舒丽丽.文化自觉与文化认同——怒江峡谷丙中洛地区民族宗教文化关系的变迁 [J]. 西南边疆民族研究，2007（1）:69-87.

[12] 大理省级旅游度假区管理委员会.大理好风光 世界共分享 [M]. 昆明：云南大学出版社，2003.

[13] 于泉鸣.同心清真大寺的历史沿革 [J]. 宁夏社会科学，1987（1）:51-55.

[14] 李岚，王俭，马力.宁夏通志民族宗教卷（二十一）[M]. 宁夏：地方志出版社，2010.

[15] 李萌，徐庄.宁夏·银川风物志 [M]. 昆明：云南人民出版社，2002.

[16] 王建舜.云冈石窟艺术审美论 [M]. 北京：中国社会科学出版社，1998.

[17] 张瑞.晋城府城玉皇庙二十八星宿彩塑赏析 [J]. 山西档案，2013（6）:33-35.

[18] 罗哲文，于杰，吴梦麟，等.略谈卢沟桥的历史与建筑 [J]. 文物，1975（10）:71-83.

[19] 北京市档案馆.北京寺庙历史资料 [M]. 北京：北京档案出版社，1997.

[20] 王建琪.王华庆，青州北朝佛教造像 [M]. 北京：北京出版社，2002.

[21] 朱军营.灵岩寺：无边佳境绝尘埃 [M]. 济南：济南出版社，2021.

[22] 戴应新.赫连勃勃与统万城 [M]. 西安：陕西人民出版社，1990.

[23] 陕西省考古研究所·耀州窑博物馆.宋代耀州窑址 [M]. 北京：文物出版社，1998.

[24] 张驭寰.传世浮屠：中国古塔集萃 [M]. 天津：天津大学出版社，2010.

[25] 张乃翥.龙门石窟与西域文明 [M]. 郑州：中州古籍出版社，2006.

[26] 骆兆平.天一阁藏书文化的历史轨迹和发展前景 [J]. 中国典籍与文化，1997（2）:80-85.

[27] 莫尔顿，等.杭州凤凰寺藏阿拉伯文、波斯文碑铭释读译注 [M]. 北京：中华书局，2015.

[28] 刘磐磐.中日佛教交流史上的宁波天童寺 [J]. 黑河学刊，2011（2）:55-57.